D.L. Kyriazis-Gouvelis / Magna Carta

Schriften zur Verfassungsgeschichte

Band 36

Magna Carta

Palladium der Freiheiten oder Feudales Stabilimentum

Von

Demetrios L. Kyriazis - Gouvelis

DUNCKER & HUMBLOT / BERLIN

CIP-Kurztitelaufnahme der Deutschen Bibliothek

Kyriazis-Gouvelis, Demetrios L.:
Magna Carta: Palladium d. Freiheiten oder feudales
Stabilimentum / von Demetrios L. Kyriazis-Gouvelis. —
Berlin: Duncker und Humblot, 1984.
   (Schriften zur Verfassungsgeschichte; Bd. 36)
   Einheitssacht. d. kommentierten Werkes:
   Magna carta libertatum
   ISBN 3-428-05580-2
NE: Magna Carta; EST d. kommentierten Werkes; GT

Alle Rechte vorbehalten
© 1984 Duncker & Humblot, Berlin 41
Gedruckt 1984 bei Buchdruckerei Bruno Luck, Berlin 65
Printed in Germany
ISBN 3-428-05580-2

Danksagung

Meinen herzlichen Dank für ihre Hilfe bei der deutschen Übersetzung der griechischen Originalfassung der vorliegenden Arbeit möchte ich Herrn Dr. Gregor Mayousakis und Frau Dr. Katia Tsalikoglou, meiner ehemaligen Schülerin, aussprechen, sowie meinem Freund, dem Juristen Klaus Wieser, der mir auch bei der Neuübertragung der lateinischen Urfassung der Magna Carta ins Deutsche behilflich war.

Mein besonderer Dank gilt auch den Kollegen Prof. Dr. jur. Michael Köhler, Köln, und Prof. Dr. phil. Hermann Funke für ihre juristisch-inhaltliche und sprachliche Durchsicht des deutschen Textes.

Athen, im April 1984

Der Verfasser

Inhaltsverzeichnis

Prolegomena zur griechischen Ausgabe 9

Erster Teil

Geschichte, Auslegung, Sinn der Magna Carta

1. Kap. *Historische Voraussetzungen der Magna Carta* 11

§ 1 Das angelsächsische Regime 11

§ 2 Absolutistische Tendenzen bei den Normannen — Rückkehr zum „Recht des Landes" 14

§ 3 Bedeutung des historischen Rückblickes für das Verständnis der Carta 17

2. Kap. *Das Recht der Magna Carta* 20

§ 4 Anerkennung alter Rechte 20

§ 5 Die Bestimmungen der Magna Carta 21

    a) Freiheit der Kirche 22

    b) Fragen des Erbrechts — des Familienrechts — Über Schulden .. 22

    c) Bestimmungen über die Erhebung von „Steuern" 24

    d) Artikel der Magna Carta über Städte, Handel und Händler 26

    e) Über gerichtliche Fragen 26

    f) Über Machtmißbräuche örtlicher Beamten 29

    g) Regelung von Forstfragen 30

    h) Bestimmungen vorübergehender Bedeutung — Korrektur von Mißbräuchen 30

§ 6 Garantie für die Einhaltung der Magna Carta 31

§ 7 Kritische Bemerkungen 32

§ 8 Die Magna Carta: Stabilimentum des Feudalismus oder Palladium
 der Freiheiten? 37

§ 9 „Welfare Status" der Barone 38

Zweiter Teil

Der Text der Magna Carta von 1215   41

Literaturverzeichnis 58

Prolegomena zur griechischen Ausgabe

Die ältesten englischen Gesetze („dooms" genannt), die vor allem auf die Schaffung des Friedens zwischen den Bürgen gerichtet waren, die Beschlüsse der angelsächsischen Versammlungen „witenagemot" und „folkgemot" — die manchmal wesentliche Züge von Staatsgewalt annahmen und dadurch der Monarchie in England „Grenzen" setzten —, die während der normannischen Periode lebendig gebliebene Erinnerung an die angelsächsischen „Institutionen", das Versprechen der Rückkehr zu den „guten alten" Gesetzen, d. h. zum „Recht des Landes" sowie das ständige Verlangen danach — alle dies sind quasi institutionelle Schritte auf dem Weg zur Magna Carta.

Das Oktroyieren von „Charten" bedeutet nicht mehr als die Anerkennung von „alten guten" Gesetzen, d. h. von wesentlichen „Rechten" des englischen Volkes. Darin ist der erste Ursprung der Institution der „Deklarationen der Rechte" zu erblicken; einer Institution, die zugleich den ersten Abschnitt der modernen Verfassung darstellt. Denn das eine der beiden Grundmerkmale des vollständigen Begriffs der Verfassung ist die „Gewaltabgrenzung", d. h. die durch Gewährleistung von Grundrechten „umgrenzte Staatsgewalt" (vgl. mein Buch: Verfassungsrecht, Systematische Darstellung, 1974[5] - 1981 § 5).

Die Magna Carta bildet den Grundstein, auf dem die Entwicklung der Deklarationen aufgebaut ist. Es wurde sogar die gesamte Verfassungsgeschichte Englands als „Kommentar" zu dieser Carta und deren Erhaltung als „Synonym des Verfassungsstaates" bezeichnet. Sie ist aber in Wirklichkeit kein „Palladium der Freiheit", sondern nur ein feudales „Stabilimentum" zur sozialen Befriedung gewesen. Indes hat sich im Laufe der Jahrhunderte die Berufung auf sie, besonders in Perioden der Verletzung von Rechten und Freiheiten der Bürger, als erfolgreich erwiesen; so ist sie allmählich zu einem „Palladium" der Freiheiten geworden, wenn auch in fiktiver Weise.

Die Magna Carta hat die Privilegien der Barone wiederhergestellt; diese waren prinzipiell wirtschaftlicher Natur und wurden unter bemerkenswertem juristischen Schutz gestellt. Zugleich hatte sie das außerordentliche Feudaleinkommen des Königs eingeschränkt. Die Barone haben sich also mit ihrem feudalwirtschaftlichen „Gesetz" gegenüber dem König durchgesetzt; einem „Gesetz", aber nicht im modernen Sinne, wie üblicherweise behauptet wird.

Schließlich könnte man die Magna Carta als eine Art von „welfare status" der Barone bezeichnen: eine Wohlfahrtseinrichtung, die zu ihren Gunsten über das einfache Recht auf „Lebenkönnen" weit hinausgeht. Über alle historische Bedingtheit hinaus kann man aus der Magna Carta die wichtige Lehre ziehen: der Menesch befindet sich immer — einzeln oder in Gruppen — in jedem Staat auf der Suche nach der Sicherstellung seiner „Bio-preservation".

Athen, November 1971

D. L. Kyriazis-Gouvelis

Erster Teil

Geschichte, Auslegung, Sinn der Magna Carta

Erstes Kapitel

Historische Voraussetzungen der Magna Carta

§ 1 Das angelsächsische Regime

Die ältesten uns bekannten englischen Gesetze wurden von König Ethelbert von Kent (560 - 616 n. Chr.) um 600 n. Chr. erlassen[1]. Es scheint, daß diese die ersten schriftlichen Gesetze („laws" bzw. „dooms", wie sie genannt wurden) des englischen Rechts sind, die in englischer (angelsächsischer) Sprache verfaßt wurden. Die Geschichte des englischen Rechts begann damit zu einer Zeit, in der das römische Recht — nachdem es eine lange und fruchtbare Entwicklung zurückgelegt hatte — in die bedeutende Epoche der justinianischen Kodifikation eingetreten war.

Trotz seiner weit zurückreichenden Geschichte hatte das römische Recht auf das englische Recht weder einen unmittelbaren noch auch nur sonderlich spürbaren Einfluß. Die Tradition der römischen Kultur und damit der römischen Institutionen und Bräuche prägten sich in England aber tief aus. Außerdem gilt die Kirche mit ihrer lateinisch-römischen Tradition in der damaligen Zeit als die „treibende Kraft" zur Durchsetzung des Rechts[2].

Die sogenannte angelsächsische Zeit beginnt in der Mitte des 5. Jh. n. Chr. — traditionell 449 — und endet mit der Eroberung Englands durch die Normannen (1066). Die Angeln und die Sachsen waren Völ-

---

[1] Kent wurde als erstes der sieben Königreiche der Angelsachsen unmittelbar nach 449 n. Chr. gegründet. Darüber siehe *Pollock / Maitland*, The History of English Law (2. Aufl. 1898), Bd. I, S. 27 f. Vgl. *R. H. Hodgkin*, A History of the Anglo-Saxons (1952), S. 74 f. und besonders S. 203 f. wie auch *H. R. Lyon*, Anglo-Saxon England and the Norman Conquest (1962), S. 4, 38. Der Text der Gesetze Ethelberts in der ausgezeichneten Sammlung von *F. Liebermann*, Die Gesetze der Angelsachsen (1903), Bd. I, S. 3 f.
[2] *Fr. Maitland*, The Constitutional History of England (1955), S. 5. Die Gesetze von Ethelbert wurden gemäß der Behauptung seines Zeitgenossen *Beda Venerabilis* „nach römischem Muster" konzipiert; siehe hierzu *Pollock / Maitland*, S. 11; vgl. *Liebermann*, Die Gesetze der Angelsachsen, Bd. III, S. 3.

ker germanischer Abstammung; sie wurden von den keltischen Briten zu Hilfe gerufen, um sie in deren Kampf gegen ihre schottischen Nachbarn nach dem Abzug der Römer — etwa um 410 — zu unterstützen. Die von Schleswig und dem Elbmündungsgebiet herkommenden Angeln und Sachsen besetzten dann das Land und teilten es in sieben kleine Königreiche auf[3].

Während der angelsächsischen Zeit erfuhr das Recht keine systematische Ausarbeitung. Die Texte der angelsächsischen Gesetze schlummerten Jahrhunderte lang in Handschriften verborgen und wurden erst im 16. Jh. veröffentlicht. Sie zeigen kein deutliches Bild des damals geltenden Rechts und der staatlichen Institutionen[4]. Auf jeden Fall wurde in der Zeit der sieben Königreiche (449 - 827) die noch kaum ausgeformte politische Gewalt vom König als oberster Autorität ausgeübt. Er wurde gewöhnlich durch Wahl aus dem herrschenden Haus auf Lebenszeit bestimmt[5].

Neben dem König gab es außerdem jedoch zwei politische Gremien: den „Rat der Weisen" (witena-gemot)[6] und den „Rat des Volkes" (folkmoot bzw. folkgemot). Es scheint, daß diese Versammlungen an der vom König ausgeübten Staatsgewalt Anteil hatten bzw. mitwirkten oder daß sie wenigstens die Macht des Königs beschränkten[7]. Von diesen Versammlungen überlebte nur der „Rat der Weisen" die Auflösung der sieben Königreiche. Im vereinigten englischen Königreich unter Egbert (827) hatte dieser Rat wesentliche Macht inne.

Der „Rat der Weisen" setzte sich zusammen aus dem König selbst, Mitgliedern seiner Familie bzw. des Hofes, dem Erzbischof von Britan-

---

[3] Vgl. *G. Trevelyan*, History of England (1937), Kap. III, S. 28 f. Siehe *Br. Lyon*, A constitutional and legal history of medieval England (1960), S. 23, 61 und *J. Jolliffe*, The Constitutional history of medieval England (3. Aufl. 1954), S. 41 f. Was die römischen und germanischen Einflüsse auf die englischen Institutionen betrifft siehe *Br. Lyon*, S. 11 f.; *H. R. Lyon*, S. 15 f., 22 f.; *F. Stenton*, Anglo-Saxon England (1955), S. 15 f., wie auch *W. Holdsworth*, A History of English Law, Bd. I (5. Aufl. 1931), S. 13 f. Vgl. auch *Montesquieu*, De l'Esprit des Lois, Buch XI Kap. VI.

[4] Siehe *Pollock / Maitland*, S. 25 f., 29 f.

[5] Siehe *Ch. Petit-Dutaillis*, The Feudal Monarchy in France and England (1964), S. 43. Vgl. *W. Anson*, The Law and Custom of the Constitution, Bd. II Teil I, S. 21 f. und *P. Blair*, An introduction to Anglo-Saxon England (1956), S. 198.

[6] Über Witena-gemot s. die Monographie von *F. Liebermann*, The National Assembly in the Anglo-Saxon period (1913), passim und *Petit-Duttaillis*, The Feudal Monarchy, S. 44 f.

[7] Vgl. *G. Keeton*, The Norman conquest and the Common Law (1966), S. 13. Über den heutigen Stand der Meinungen in bezug auf Witena-gemot s. *Blair*, S. 214 f. Über die Entwicklung der „Räte" im allgemeinen s. *F. Stenton*, Anglo-Saxon England (1955), S. 234 f., 347 f., 542 f. (Es handelt sich um das authentischste Werk über die angelsächsische Periode; es enthält eine vollständige und kritisch gewürdigte Bibliographie, S. 679 - 713).

nien und anderen Bischöfen, den Herren der Grafschaften und wichtigen Großgrundbesitzern — d. h. den „großen Männern" (great men) der damaligen Gesellschaft, wie die Präambel der Gesetze der Könige Wihtraed (690 - 696) und Canute (1016 - 1035) erwähnt[8]. Die „Weisen" versammelten sich in eigener Person; sie hatten aber weder als einzelne noch als Gremium repräsentativen Charakter[9].

Der „Rat der Weisen" übte, wie bereits erwähnt, bedeutende Macht aus. Er wirkte mit dem König bei der Abfassung der Gesetze und der Erhebung von Steuern zusammen. Er wählte die Bischöfe und regelte verschiedene kirchliche Angelegenheiten; er hatte richterliche Zuständigkeiten, entschied über Krieg und Frieden, wählte den König, bestimmte mit ihm die Politik und konnte ihn sogar absetzen[10].

In diesen Zuständigkeiten und Machtbefugnissen des „Rates der Weisen" sollte man den Grund und den Beweis für die Auffassung[11] sehen, daß England im Gegensatz zu den übrigen europäischen Staaten seit jeher keine absolute, sondern nur eine beschränkte Monarchie kannte. Die Macht des Königs konnte also — was manchmal auch wirklich geschah — von den „Großen Männern" eingeschränkt werden. Wenn der König keinen „starken Willen" hatte und die „Staatsgeschäfte nicht auszuüben verstand", wurde der „Rat der Weisen" zur „Hauptmacht des Staates"[12].

Es ist ferner darauf hinzuweisen, daß die Gesetze der Angelsachsen, die nur einen Teil der gesamten Rechtswirklichkeit abdeckten, zunächst darauf gerichtet waren, den Frieden zwischen den Bürgern herzustellen und zu garantieren. Die Familienbindungen — zunächst im Rahmen der Großfamilie — waren sehr stark und ein Gewaltakt konnte leicht zu einem „privaten Krieg" führen. Aus diesem Grunde galt die Erhaltung des Friedens in der Gesellschaft als „die erste Aufgabe des Gesetzgebers"[13]. Folgerichtig stellten die Geldentschädigungen, mit denen

---

[8] Vgl. *Stenton*, S. 543 f. und *Liebermann*, National Assembly, S. 28 f.
[9] Siehe *Blair*, S. 215 und *Br. Lyon*, S. 46.
[10] Über die Zuständigkeiten von Witena-gemot s. *Liebermann*, National Assembly, S. 59 f.; zu ihnen zählt *Liebermann* auch noch ihre Mitwirkung bei den Erhebungen in den Adelstand und bei der Ernennung der Militärbefehlshaber (S. 65); es scheint jedoch, daß keine der jeweiligen Versammlungen gleichzeitig alle diese Befugnisse besaß. Vgl. *Br. Lyon*, S. 47 f.
[11] Vgl. *Stenton*, S. 546. Nach *Liebermann* (National Assembly, S. 23) kann die Form des anglesächsischen Königtums als eine von der Versammlung des Witan „eingeschränkte Monarchie" bezeichnet werden. Auch nach *Petit-Dutaillis* (Feudal Monarchy, S. 43) war der König „... kein Tyrann und seine Macht wurde eingeschränkt".
[12] W. *Anson*, The Law and Custom of the Constitution, Bd. I (5. Aufl. 1922), S. 26.
[13] Siehe *Maitland*, Constitutional History, S. 4.

die verschiedenen Rechtsbrüche geahndet wurden, gewöhnlich den Inhalt der Gesetze dar[14].

Für diese Zeit vor der Ankunft der Normannen ist ferner festzustellen, daß der Begriff eines „Gewohnheitsrechtes" (common law), d. h. eines auf Sitten fußenden Rechts, den damaligen Gegebenheiten des ganzen Königreiches nicht entspricht; noch im 12. Jh. scheint England hauptsächlich von drei „Rechten" beherrscht zu sein (West-Saxon, Mercian, Danish)[15]. Es wird sogar behauptet, daß selbst noch während der Ansiedlung der Normannen sich weitere „örtlich begrenzte" Gebräuche herausbildeten.

Schließlich sei hier noch hervorgehoben, daß der Geist „bäuerlichen" Gemeinsinns sich der Institution des „Stadt-Staates" widersetzte, und daß die Organisierung des „örtlichen" Lebens, wenn auch während der angelsächsischen Periode noch in embryonalem Zustand, ein grundsätzliches Element des englischen staatlichen Systems war[16].

§ 2 Absolutistische Tendenzen bei den Normannen — Rückkehr zum „Recht des Landes"

Die normannischen Eroberer schafften das damals geltende englische Recht nicht ab; aber die angelsächsischen Institutionen machten eine schwere Krise durch und erfuhren eine wesentliche Veränderung.

Als Wilhelm der Eroberer (1066 - 1087) zum König von England gekrönt wurde, versprach er zunächst, die angelsächsischen Einrichtungen zu respektierten. Er verkündete, daß „... alle das Recht König Eduards haben und behalten werden" (1042 - 1066); auch „in bezug auf die Grundstücke und die übrigen Angelegenheiten... zum Wohle des englischen Volkes"[17]. Auch Heinrich I. versprach, als er den Thron bestieg (1100), daß er die Gesetze von Eduard, die mit Einwilligung der Barone verbessert worden waren, wieder in Kraft setzen werde. Auf diese Weise wurden die damals geltenden englischen Gesetze von den Normannen anerkannt[18]. Es scheint, daß die Normannen keine eigenen schriftlichen

---

[14] Siehe *Holdsworth*, Bd. II, S. 21. Vgl. *Liebermann*, National Assembly, S. 66.

[15] Siehe *Keeton*, S. 21; vgl. aber auch *F. W. Maitland*, History of English law, in: Selected historical essays 1957, S. 99. Dieser meint, daß noch zu Beginn des 12. Jahrhunderts „the law of the king's own court..." über und neben einzelnen Teilrechten stand.

[16] *Petit-Dutaillis*, Feudal Monarchy, S. 39.

[17] *Maitland*, Constitutional History, S. 7. Vgl. *W. Stubbs*, The Constitutional History of England, Bd. I, Kap. IX - XI.

[18] Siehe *Pollock / Maitland*, S. 97 f. und *Petit-Dutaillis*, Feudal Monarchy, S. 61.

1. Kap.: Historische Voraussetzungen der Magna Carta

Gesetze nach England brachten, wenn sie überhaupt solche besaßen[19]. Sie führten jedoch neue „Regeln" ein, die zusammen mit den angelsächsischen Gesetzen das sogenannte feudale System ausbauten[20].

Das Versprechen der Rückkehr zum „Recht von Eduard" (Edward's law) bezog sich nicht nur auf die von diesem König erlassenen Gesetze, sondern ganz allgemein auch auf die „guten alten" Gesetze, die vor der normannischen Eroberung gegolten hatten. Es ist sicher, daß der Hauptteil der Gesetzessammlung von Eduard (Leges Edwardi Confessoris) aus den älteren angelsächsischen Gesetzen bestand[21]. Außerdem sollte man dazu noch festhalten, daß die anglsächsischen „dooms" nach einer anderen bedeutenden Gesetzessammlung nämlich den Leges Henrici Primi zum „Recht des Landes" (the law of the land) erklärt wurden[22].

Die Rückkehr zu den „guten alten" Gesetzen, d. h. zum „Recht des Landes", stellt das entscheidende Moment zum Verständnis der historischen und theoretischen Grundlagen der Magna Carta dar. Das ständige Verlangen nach den alten Gesetzen, Gebräuchen und Institutionen[23], anders ausgedrückt nach den alten „Rechten und Freiheiten" im weiteren Sinne, einerseits, und die wiederholte Forderung nach ihrer Wiedereinführung und Inkraftsetzung andererseits, bilden die beiden Achsen der Magna Carta.

Die Analyse der Bestimmungen der Magna Carta und insbesondere ihrer Bezugnahme auf die „alten" Gesetze, die Bräuche und das „Recht des Landes"[24] wird die Bedeutung dieser Feststellung aufweisen.

Die normannischen Könige zeigten trotz ihrer anderslautenden Versprechungen absolutistische Tendenzen. Durch ihre herrische und zentralistische Gewaltausübung förderten sie wohl die nationale Einheit der Engländer, doch geschah dies auf Kosten der Lockerung der angelsächsischen Institutionen. Der „Rat der Weisen" verlor schrittweise seine frühere Machtstellung im Staate und viele seiner Zuständigkeiten. Die nunmehr einberufene Versammlung setzte sich aus den unmittelbaren „Untertanen" des Königs (den Vasallen nach dem feudalen Recht) zu-

---

[19] Siehe *Keeton*, S. 29; vgl. *Pollock / Maitland*, S. 64 f. (Kap. III).
[20] Siehe *Maitland*, Constitutional History, S. 9, *Pollock / Maitland*, S. 62, *Jolliffe*, S. 139 f. und W. *Holdsworth*, A History of English law, Bd. I, S. 24 f., Bd. II, S. 17 f.
[21] Siehe *Maitland*, Constitutional History, S. 8.
[22] Vgl. *Pollock / Maitland*, S. 99 f.
[23] Anfang 1215 bestanden die Barone während einer Sitzung in London gegenüber dem König auf der Wiederherstellung der „ancient and accustomed liberties" (*A. Poole*, From Domesday Book to Magna Carta, 1951, S. 468).
[24] Vgl. die Artikel 2, 13, 23, 25, 39 und 41 der Magna Carta.

16 1. Teil: Geschichte, Auslegung, Sinn der Magna Carta

sammen; sie ist als „commune consilium regni"[25] bekannt. Sie wurde nach dem Gutdünken des Königs einberufen und hatte den Charakter eines beratenden Gremiums. Die Teilnahme der geladenen Kleriker und „majores barones" war aber nunmehr obligatorisch[26]. Über die Zusammensetzung und die Zuständigkeiten dieser nationalen Versammlung ist nichts Konkretes überliefert.

Auf jeden Fall verursachte der Entzug oder zumindest die Schmälerung der Rechte der „Untertanen" (Geistliche, Barone und sonstige Engländer) Unzufriedenheit. Charakteristisch für diese normannische Rechtspolitik ist die Tatsache der Gewährung einer „Carta" mit dem Ziel, die Unterstützung des „Volkes" zur Festigung des usurpierten Thrones zu erringen[27]. So gewährte Heinrich I. unmittelbar nach seiner Krönung (1100) eine an sich bedeutende Carta, die gewöhnlich „Charter of Liberties" genannt wird, deren „Versprechungen" er aber keineswegs einhielt. Dessen ungeachtet stellte diese Carta einen paradigmatischen Prototyp für die Magna Carta dar[28].

Durch diese Umstände wurden endgültig die Voraussetzungen für einen heftigen Zusammenstoß geschaffen zwischen dem König einerseits, der die Staatsgewalt ohne Schranken und Bindungen ausübte bzw. ausüben wollte, und den „Untertanen" andererseits, die in den Genuß der vielfach unklaren „alten" Rechte kommen wollten. Diese „Rechte" waren durch die Gesetze und das Gewohnheitsrecht der angelsächsischen Periode eingewurzelt und durch die Gerichte anerkannt. Die absolutistische Haltung der normannischen Könige verschärfte die Gegensätze und trug dazu bei, die von Generation zu Generation überlieferte Erinnerung an das angelsächsische Gewohnheitsrecht und die Gebräuche zu verklären. Dazu muß noch bemerkt werden, daß die Idee der „Rechte des freien Menschen" die Durchsetzung feudaler Zwangsverhältnisse der Normannenzeit überlebte[29]. Demnach ist es verständlich, daß die

---

[25] Siehe die Artikel 12 und 14 der Magna Carta, die die endgültige Zusammensetzung und Einberufung dieser Versammlung regelten; sie wird gewöhnlich als „magnum consilium" bezeichnet im Gegensatz zu einer anderen der „curia regis", d. h. einen kleinen ständigen Rat, der sich mit den laufenden Verwaltungsgeschäften befaßte.

[26] Siehe *Br. Lyon*, S. 142, 244 f.; vgl. unten § 5 und vor allem Fußnote 17 (über die Artikel 12 und 14 der M.C.).

[27] Siehe W. *Mckechnie*, Magna Carta (2. Aufl. 1914), S. 96 f.

[28] Vgl. W. *Mckechnie*, Magna Carta, S. 95 f. Über die Charta von Heinrichs I. s. die Analyse von F. *Liebermann*, Die Gesetze der Angelsachsen, Bd. III, S. 293 f.; *Petit-Dutailllis* (Feudal Monarchy, S. 74) spricht vom „Manifest Heinrichs I.". Er behauptet sogar, daß die Bezeichnung „Charta der Freiheiten" zu denjenigen Formulierungen gehört, die die „geschichtliche Wahrheit verdrehen"; *Petit-Dutaillis* empfiehlt immer wieder das Studium der ursprünglichen Texte.

[29] Siehe S. B. *Chrimes*, English Constitutional History (1967), S. 54 f.

Könige sich von Zeit zu Zeit gezwungen sahen „Carten"[30] zu gewähren, in denen sie auf feierliche Weise die alten „Rechte" des englischen „Volkes" (eigentlich verschiedener Klassen bzw. Schichten) bestätigten.

Die englischen Könige brachen fortwährend diese Carten. Dennoch führte die offizielle wiederholte schriftliche Bestätigung verschiedener im Laufe der Zeit immer konkreter werdender Rechte zu einer Gewohnheit, die fortan und bis zum heutigen Tage eine wesentliche Rolle gespielt hat: Zu Deklarationen von Rechten[31]. Die Carten und die Deklarationen haben wiederum entscheidend zur Entstehung einer anderen staatlichen Institution beigetragen, die heute die fundamentale normative Grundlage des Staates bildet: der Verfassung.

§ 3 Bedeutung des historischen Rückblickes für das Verständnis der Carta

Die Magna Carta war das Produkt einer langen Reihe von Ereignissen in der englischen Geschichte. Die ihr unmittelbar vorangegangenen Auseinandersetzungen zwischen König und Baronen waren lediglich der äußere Anlaß der Gewährung der Carta. Die eigentlichen Gründe dafür liegen in den Verhältnissen der gesamten anglonormannischen Periode. Es ist richtig, daß in den Jahren kurz vor dem Erlaß der Carta die allgemeine Situation des Staates sehr kritisch war. Beschwerden und Forderungen wurden von vielen Seiten erhoben. Staatliche Schwächeerscheinungen, wie z. B. die Verarmung der „Staatskasse", bedrohten die Grundpfeiler der staatlichen Ordnung (König, Barone, Klerus); im Jahre 1212 erfuhr König John von einem Plan zu seiner Ermordung[32]; auch sonst kam überall die allgemeine Mißstimmung zum Ausdruck. All dies führte zur Isolierung des Königs und zwang ihn zu Zugeständnissen. Aber auch diese Ereignisse waren lediglich äußere Zeichen wesentlich tieferer Strömungen, die bis in die Wurzeln des angel-

---

[30] Bezeichnend für die sogenannten „Charters of English Liberties" des 12. und 13. Jahrhunderts ist nach *Petit-Dutaillis* (Feudal Monarchy, S. 75) „...die Mißbilligung der Mißbräuche" der vorangegangenen Machtausübung. Über die späteren englischen Texte des 17. Jahrhunderts (Petition of Right, Bill of Rights) vgl. die Bewertungen von *A. V. Dicey*, Introduction to the Study of the Law of the Constitution (10. Aufl. 1965), S. 200.

[31] Über die „Deklarationen von Rechten" in bezug auf die „Verfassung" eines Staates und über den Unterschied zwischen „Anerkennung" und „Einführung" der Rechte s. *D. Kyriazis-Gouvelis*, Themeliodi Dikeomata (griech.): Grundrechte (1970), S. 97 f. Im Hinblick der Mißachtung der Charten ist die Meinung von *Jennings* (Magna Carta and its influence in the world today, 1965, S. 43) von Bedeutung: „...die meisten Fehler bei der praktischen Staatsführung, die überhaupt möglich waren, wurden in England irgendwann begangen."

[32] Siehe *S. Thorne*, What Magna Carta was, in: The Great Charter (Four Essays... publ. Pantheon Bs.) 1965, S. 12, 15.

sächsischen Staatswesens zurückreichen. Deshalb sind ohne die gesamte kurz dargelegte Periode[33] von etwa 700 Jahren (449 - 1215) Buchstabe und Geist der Magna Carta kaum verständlich.

Das bis 1215 geltende Gewohnheitsrecht, die Gesetze und Institutionen, stellen die einzige geschichtliche Quelle des Magna Carta-Rechtes dar, denn theoretische Vorrarbeiten zur Carta fehlen gänzlich. Hier muß bemerkt werden, daß in England in der Zeit vor der Magna Carta kaum etwas von der Dringlichkeit und Problematik, nach den theoretisch besten Regierungsformen zu suchen, empfunden wurde, wie dies z. B. im antiken Hellas der Fall war. Hier findet man überhaupt keine Spur einer konkreten Staatstheorie. Die Monarchie wurde als die einzige mögliche Staats- und Regierungsform unbefragt hingenommen[34]. Sie war zudem leicht mit der alleingültigen „Theorie" des Weltstaates und der Weltkirche in Einklang zu bringen[35].

Die geschichtlichen Ereignisse in England vor dem 13. Jh. können hauptsächlich zwei gegenläufigen staatsrechtlichen Strömungen zugeordnet werden: Einerseits den Bestrebungen zur Stärkung, andererseits zur Einschränkung der Monarchie. Die Bemühungen um die Stärkung der Monarchie während der Zeit der Normannen zeigten sich in praktischen Maßnahmen zur Erzwingung der Ordnung und Eindämmung der Anarchie, womit gleichzeitig immer auch die vollständige Zentralisierung der Staatsgewalt angestrebt wurde. Diesen Bemühungen standen die Bestrebungen zur Schaffung bzw. Erhaltung von neuen Institutionen und des Gewohnheitsrechts als Dämmen gegen eine uneingeschränkte Gewaltausübung und zum Schutz des Lebens der Untertanen gegenüber, welche dann schließlich zur Magna Carta führen sollten. Der „Rat des Volkes", obwohl er nur kurze Zeit bestanden hat, der „Rat der Weisen", der sich schließlich durchsetzte und die Volkssouveränität erzwang, die Gesetze über die Rückkehr ins „alte Recht" des Landes sowie die Gewährung von verschiedenen Carten —[36] alle diese institutionellen Schritte waren Entwicklungsstufen, welche einerseits zur Herstellung der Garantie des Lebens und des Vermögens der Untertanen, andererseits zur Dezentralisierung der Staatsgewalt führen sollten.

---

[33] Vgl. *Mckechnie*, Magna Carta, S. 94.
[34] Vgl. *Mckechnie*, Magna Carta, S. 5 f.
[35] Vgl. *Holdsworth*, Bd. II, S. 127 f. Die Ableitung von „Teilprinzipien" aus der allgemeinen Theorie über den „Weltstaat" kann nicht als eigentliche, systematische Staatstheorie angesehen werden. Vgl. G. *Sabine*, Geschichte der politischen Theorien, 1961 (Kap. VIII - XVI).
[36] Die gewährten Cartas hatten seit der angelsächsischen Periode den Grund und Boden sowie verschiedene „Privilegien" zum Gegenstand; vgl. die Ausführungen von *Holdsworth*, Bd. II, S. 25 f.

Unter diesen Voraussetzungen wird es verständlich, daß die Magna Carta keine „neuen" Bestimmungen beinhaltet. Im Grunde genommen stellt sie „a declaratory enactment" dar[37]. Diese formale Bezeichnung reicht aber nicht; es muß noch besonders unterstrichen werden, daß die Carta gewisse „Gewohnheiten" (usages) des alten englischen Rechts, die von den Normannen nicht verändert worden waren, neu herausstellt und in ihrer Geltung bestätigt. Diese Gewohnheiten wurden nun, befreit von den inzwischen eingerissenen Mißbräuchen, proklamiert. Indem die Carta außerdem verschiedene Rechtsfälle des feudalen Systems regelte, ratifizierte sie auf diese Weise einige von den Normannen in dieses System eingeführten Rechtsnormen. Weiterhin bestätigte die Magna Carta in den Grundzügen das Verwaltungs- und Gerichtssystem, das schon unter König Heinrich II. (1154 - 1189) eingeführt worden war.

Der Text der Magna Carta beinhaltet weder theoretische Prinzipien noch Deklarationen[38]. Er ist von dem praktischen Geist gekennzeichnet, der durch ihre ganze Geschichte hindurch ein Charakteristikum der Engländer ist. In der Magna Carta finden sich keinerlei Spuren staatstheoretischer Natur.

---

[37] *Mckechnie,* Magna Carta, S. 112; vgl. *Dicey,* S. 207. Über die inhaltliche Würdigung der Magna Carta s. unten § 9.
[38] Siehe *B. Chrimes,* English Constitutional History (4. Aufl. 1967), S. 70.

Zweites Kapitel

Das Recht der Magna Carta

§ 4 Anerkennung alter Rechte

Die Magna Carta ist eine schriftliche Abmachung, die zwischen dem König von England Johann ohne Land einerseits und den Baronen, dem Klerus sowie englischen Bürgern andererseits abgeschlossen wurde. Sie wurde „unterzeichnet"[1] am 15. Juni 1215 auf dem „Verhandlungsfeld" Runnymede (zwischen Windsor und Staines) in England, unter militärischem Druck der Barone auf den König[2].

Es kann vorab behauptet werden, daß die Carta der englischen Kirche und den „freien Männern" des Königreichs „Zugeständnisse"[3] an Rechten und Freiheiten einräumt. Hauptsächlich jedoch enthält sie

---

[1] Die Carta wurde nicht eigentlich „unterschrieben", wie man im allgemeinen wegen des mißverständlichen „data per manum nostram" (Art. 63 der Carta) meint, sondern mit dem Siegel des Königs ratifiziert. Die vier „Originale", die erhalten geblieben sind, haben keinen Titel bzw. Kopf. Nur das Original „Lincolnia" trägt auf seiner Rückseite die Worte „Concordia inter Regem Johannem et Barones pro concessione liberatum Ecclesia et Regni Anglie". Siehe den Text in *W. Stubbs / H. Davis*, Selected Charters (1929), S. 292; vgl. die griechische Übersetzung bei *Chr. Sgouritsas*, Die Große Carta der Freiheiten (mit einer Einführung und Kommentierung unter jedem Artikel) 1947, S. 37 f.

[2] König Johann lehnte zunächst die Vorschläge der Barone ab und soll gesagt haben: „Niemals werde ich solche Freiheiten gewähren, die mich vom König zum Sklaven machen werden" (*Chr. Franqueville*, Les Institutions de l'Angleterre, 1864, S. 46) und „... warum verlangen die Barone nicht auch meine Krone?" (*Ch. Bémont*, Chartes des Libertés Anglaises, 1892, Einführung, S. XX). Es scheint aber, daß Johann ohne Land geistig krank war; er litt unter einer erblichen „periodischen Psychose" und war deshalb labil; s. hierzu *Ch. Petit-Dutaillis*, The Feudal Monarchy in France and in England (1964), S. 215.

[3] Genauer gesagt, handelt es sich hier um die Neuanerkennung und Verkündung von alten Rechten, Freiheiten und verschiedenen Bräuchen; *E. Coke* (Institutes of the Laws of England, 2d part 1797) erwähnt im Proeme: „... it was for most part declaratory ... of the principal grounds of fundamental laws of England"; *W. Blackstone* (The Great Charter ... 1795) sagt ebenfalls in der Einführung, S. VII: „... compiled from the ancient customs of the realm ... the old common law ..." Vgl. hingegen *M. Radin*, The Myth of Magna Carta, in: Harvard Law Review, LX (1947), S. 1061.

2. Kap.: Das Recht der Magna Carta

Einschränkungen der königlichen Gewalt[4] innerhalb der Feudalbeziehungen. König und Barone beschworen die Magna Carta, womit die Garantie ihrer Geltung „in perpetuum" bekräftigt wurde.

Die Carta von 1215 wurde später „groß" genannt. Die Erklärung dafür ist an sich kompliziert; es soll hier nur erwähnt werden, daß sie bei ihrer Ratifizierung von Heinrich III. im Jahre 1271 bereits als „Magna Carta" bezeichnet wurde[5]. Die Betitelung als „Magna Carta der Freiheiten Englands" wurde erstmals 1297 bei der Ratifizierung der Carta (von 1225; s. § 7 Anm. 47) von König Edward I. verwendet. Diese ist zum offiziellen Text geworden, die allein im „Statute Roll" eingeschrieben ist.

§ 5 Die Bestimmungen der Magna Carta

Der Text der Magna Carta beginnt mit einer feierlichen Präambel, die den Namen des Königs mit all seinen Titeln, die Namen der Prälaten und der Adligen sowie die Anrufung Gottes beinhaltet. Im Original[6] ist der lateinische Text ohne Abschnitte aufgeführt. Nach dem 16. Jh. setzte sich aber die Unterteilung in Präambel und 63 Artikel durch.

Die Artikel der Magna Carta enthalten sachlich voneinander unabhängige Bestimmungen und haben keinerlei systematische Struktur. Sie sind inhaltlich in keiner strengen Rangfolge angeordnet. Infolgedessen könnten sie, unter Außerachtlassung der Numerierung, in verschiedene „Einheiten" unterteilt und deren Inhalte in knapper Formulierung wiedergegeben werden.

---

[4] Es ist zu bemerken, daß die Magna Carta nicht das ursprüngliche „Programm" der Barone verkörpert, welches die Entthronung des Königs vorsah; s. S. Thorne, What Magna Carta was, in: The Great Charter (Four Essays...) 1965, S. 4 f. Vgl. aber auch den Text „The Articles of the Barons", der zunächst „unterschrieben" wurde und aus dem der endgültige Text der Magna Carta von 1215 hervorgegangen ist, S. 101; sein lateinischer Prototyp bei W. Mckechnie, Magna Carta (2. Aufl. 1914), S. 487 f. und auf S. 485 siehe den Text der sogenannten „unbekannten Carta der Freiheiten" von Johann, die, wie es scheint, das „Bindeglied" zwischen der Carta von Heinrich I. (1100) und der „Articuli Baronum" darstellt; vgl. auch im Zusammenhang damit ebenda S. 171 f.

[5] Siehe Ivor Jennings, Magna Carta and its influence in the world today (1965), S. 9 f.

[6] Vier „Prototypen" wurden gerettet, von denen zwei im Britischen Museum aufbewahrt werden. Einer von ihnen wird als der tatsächliche Prototyp angesehen, da er sehr hastig geschrieben ist und Randkorrekturen trägt, die in die anderen Prototypen eingefügt worden sind. Die anderen beiden „Prototypen" befinden sich in den Domen von Lincoln (am besten erhalten) und Salisbury. Es scheint, daß bis zum Ende des 18. Jh. kein „Prototyp" der Carta bekannt war. Vgl. Bémont, S. 24, wo weitere Einzelheiten angegeben werden.

a) Die „*Freiheit der Kirche*" und die Freiheit ihrer Wahlen[7], die schon vor der Magna Carta proklamiert worden waren[8], werden nunmehr in perpetuum sanktioniert. Damit behält die Kirche ihre Rechte ungeschmälert und ihre Freiheit unangetastet. Des weiteren werden Freiheiten gewährt, damit die „freien Männer" des Königreichs sie genießen und auf ewig behalten können (Art. 1)[9].

b) Durch die folgenden Artikel (2 - 4) werden *Fragen des Erbrechtes* der Kronvasallen geregelt. Auf diese Weise wird das relevium (Abgabe) genau[10] festgelegt, das die verschiedenen volljährigen Erben bei der Übernahme des Lehens dem König zu entrichten haben. Die Minderjährigen jedoch übernehmen ihre Erbschaft erst nach ihrer Volljährigkeit, ohne dafür dann einen Anteil entrichten zu müssen (Art. 3). Außerdem werden in den genannten Artikeln die Verpflichtungen der Vormünder dieser minderjährigen Erben geregelt. Der König selbst kann nur bestimmte Vormundschaften (custodiae) Personen anvertrauen, und erhält dafür eine Entschädigung (Art. 4; siehe auch die Bestimmungen des Art. 37, wonach der König das Recht der Vormundschaft über die Erben nur von denjenigen seiner Vasallen beanspruchen kann, die ihre Lehen gegen Leistung von Wehrdienst in Besitz haben). Die Barone aber erhalten die Obhut (custodia) über die Klöster, die sie gegründet haben, wenn sie für diese Klöster Privilegien vom König haben oder diese in ihrem langjährigen Besitz sind (Art. 46).

Die Artikel 6 bis 8 der Carta behandeln *Fragen des Familienrechts*, insbesondere Ehefragen[11] der Erben, die Übernahme des Erbgutes oder der Mitgift durch die Witwe ohne jegliche Gegenleistung ihrerseits, auch ohne den Zwang, eine neue Ehe einzugehen.

---

[7] Es wird jedoch erwähnt, daß diese Wahlfreiheit nur theoretisch war, denn in der Praxis wurde die Wahl eines Bischofs vom König und (oder) vom Papst entschieden; s. *F. M. Maitland*, Constitutional History of England (1955), S. 172.

[8] Die eine Freiheit durch Art. 1 der Carta von Heinrich I. (1100), die andere von König Johann selbst durch die „CartaJohannis regis ut liberae sint electiones totius Angliae" noch am 21. November 1214; s. die entsprechenden Texte in *Stubbs / Davis*, S. 117 und 238. Über den „elastischen" und unklaren Ausdruck „freedom of the church" s. *Mckechnie*, Magna Carta, S. 193.

[9] *Mckechnie* (Magna Carta, S. 191) vertritt die Ansicht, daß die kurze Erwähnung der Rechte der Kirche am Anfang der Carta sowie der Hinweis auf die Rechte der „freien Menschen" ebendort auf die Absicht hindeuten, „keine der beiden Gruppen besonders hervorzuheben". Außerdem bedeutet „liber homo" den Landbesitzer (freeholder), da auch das Wort „homo" zunächst ein Synonym von „Baron" war (ebenda S. 114 - 115).

[10] Die genaue Fixierung des zu entrichtenden Betrages war immer ein Problem. Die Carta Heinrichs (1100) verlangte nur die Entrichtung eines „just and legitimate relief" (Art. 2). Nun ist die genaue Festlegung dieses Betrages gegen die „Freiheit" des Königs gerichtet, ihn selbst zu bemessen; vgl. *Mckechnie*, Magna Carta, S. 196 f.

2. Kap.: Das Recht der Magna Carta

Es folgen Bestimmungen über *Schulden*. Wegen einer Schuld können vom König oder seinem Beamten weder Land noch Einkünfte beschlagnahmt werden, sofern die persönliche (nicht feudale) Habe des Schuldners zu ihrer Rückzahlung ausreicht (Art. 9). Der Erbe eines Schuldners, der von Juden geliehen hat[12], braucht vor seiner Volljährigkeit keine Zinsen zu zahlen (Art. 10). Die Gattin eines verstorbenen Schuldners, der von Juden oder anderen geliehen hat, behält ihre Mitgift und die Schuld wird aus dem Lehen des Verstorbenen beglichen, nachdem seine minderjährigen Kinder versorgt sind (Art. 11). Die persönliche (bewegliche) Habe eines verstorbenen Schuldners wird jedoch beschlagnahmt, sofern er ein weltliches Lehen vom König in Besitz hatte und seine Schuld an den König durch Schuldbriefe nachweisbar ist; wenn er aber dem König nichts schulde, ist seine gesamte bewegliche Habe (catalla) als Vermögen des Verstorbenen anzusehen, über das — außer den „angemessenen Anteilen"[13] für Gattin und Kinder — durch Testament verfügt werden kann (Art. 26). Die persönliche Habe eines freien Mannes, der nach seinem Tode kein Testament hinterlassen hat, wird — nach der Tilgung seiner Schulden — unter seinen Verwandten und Freunden verteilt (Art. 27).

Die oben erwähnten Bestimmungen der Carta, die Erb-, Ehe- und Schuldfragen behandeln, sind nur im Rahmen des in jener Zeit geltenden feudalen Systems verständlich. Es ist dasjenige gesellschaftliche System, in dem „die meisten öffentlichen Rechte und Pflichten direkt

---

[11] Das Recht der Krone, die Ehefragen der Mündel zu regeln, war zu einer „intolerable grievance" geworden (*Mckechnie*, Magna Carta, S. 212). Die Witwe kann nunmehr nicht gegen ihren Willen verheiratet werden, muß aber für eine Heirat die Einwilligung des Königs haben.

[12] Johann ohne Land hatte die jüdischen Geldverleiher besonders belastet; als er im Jahr 1207 ein Zehntel des Wertes der in ihrem Besitz befindlichen Schuldbriefe verlangte, erreichte er es, diese Abgabe wertmäßig sofort in seine Hände zu bekommen, da wegen fehlender flüssiger Mittel die Schuldner gezwungen waren, ihm Ländereien im Gegenwert des verlangten Betrages abzutreten. Zudem schreckte er nicht davor zurück, auch Zinsen zu kassieren, obwohl diese bei den Christen verboten waren und von der Kirche verurteilt wurden. Vgl. *H. Richardon*, The English Jewry under Angevin Kings (1960), S. 166. Im allgemeinen scheint es jedoch, daß die Steuern bei den Juden nicht höher waren als bei den Christen; vgl. *S. Thorne*, What Magna Carta was, S. 9 f. Nunmehr wird die Schuld als zinslos erklärt, sowohl bis zur Volljährigkeit des Erben als auch dann, wenn sie dem König zufällt (Art. 10). Die Witwe erhält ihre Mitgift noch vor der Rückzahlung der Schulden (Art. 11).

[13] Was die testamentarische Erbfolge betrifft, scheint es, daß eine alte Regel wieder eingeführt wird, die die freie Verteilung der persönlichen (beweglichen) Habe durch „logische Anteile" für Ehegatten und Kinder einschränkte und zugleich eine „absolute" Forderung darauf einführte. Vgl. *Mckechnie*, Magna Carta, S. 325.

mit Landbesitz verbunden sind"[14]. Der König wird als Eigentümer des gesamten Landes, d. h. des Territoriums des Staates, betrachtet[15]; er verteilt das Land in Form vom Lehen an seine Vasallen und erhält als Gegenleistung das sogenannte „relevium". Infolgedessen zielt die Carta auf Vorbeugung gegen eventuelle Mißbräuche und auf den finanziellen Schutz der Vasallen (Herzöge, Barone, Grafen) ab. Bereits im zweiten Artikel wird die bei der Übernahme des Lehens zu entrichtenden Abgabe genau festgelegt. Ebenso wird die Witwe eines Vasallen einem besonderen Schutz unterstellt; sie darf ohne Erbabgabe die Erbschaft antreten und ist nicht gezwungen die Zustimmung des Königs bzw. des Feudalherrn für eine neue Ehe zu erkaufen. Auch hinsichtlich der Schulden wird die Macht des Königs oder eines sonstigen Verleihers zur Vorbeugung gegen eventuelle Mißbräuche dem Schuldner gegenüber eingeschränkt.

c) *Bestimmungen über die Erhebung von „Steuern".* Die Erhebung von Wehrsteuern als Ersatz für den Wehrdienst (scutagium) oder eines Hilfsgeldes (auxilium), d. h. einer Spende der Vasallen an den König in außergewöhnlichen Fällen, ist ohne die Zustimmung des „commune consilium" — mit drei Ausnahmen[16] — nicht gestattet (Art. 12). Über Wehrsteuer oder Hilfsgelder berät das „commune consilium"[17]; dies

---

[14] *F. W. Maitland,* The Constitutional History of England (1955), S. 23; s. die eingehende Analyse des Begriffes „feudalismus" ebendort, S. 143 f. Vgl. *J. Touchard,* Histoire des Idées Politiques, Bd. I (1963), S. 155 f. Weitere Literatur wird ebendort, S. 140 f. angegeben. Über den Feudalismus in England s. auch *Mckechnie,* Magna Carta, S. 52 f., *Petit-Dutaillis,* Feudal Monarchy, S. 36, 51, 62 f. und *Pollock / Maitland,* The History of English Law, Bd. I, S. 64 f.

[15] Dies war aber mehr Theorie als Wirklichkeit; vgl. *Maitland,* Constitutional History, S. 25.

[16] Wenn es darum geht, a) die Befreiung des Königs zu erkaufen, b) seinen ersten Sohn zum Ritter zu schlagen und c) seine erste Tochter zum ersten Mal zu verheiraten (Art. 12).

[17] Das lateinische Wort „consilium", das damals sowohl Ratschlag als auch Einwilligung bedeutete (counsel, consent; english), hat letztlich auch die Bedeutung von Parlament (council). So wurde das commune consilium zum common council: vgl. *Mckechnie,* Magna Carta, S. 249 und *Maitland,* Constitutional History, S. 64 f. Auf jeden Fall hatte dieses consilium der Magna Carta keinen repräsentativen Charakter; die namentlich eingeladenen barones repräsentierten weder ihre Klasse noch ihren Landesteil noch die Gemeinschaft als Ganzes; jeder von ihnen vertrat seine eigenen Interessen. Es ist jedoch zu bemerken, daß die Einladungen des Königs vom 7. November 1213 zur Einberufung des „Rates" von Oxford an vier Barone aus jeder Grafschaft als ein Beispiel „örtlicher Vertretung" bezeichnet wird (s. *Maitland,* Constitutional History, S. 68). Eine gewisse Art von Vertretung im Parlament begann jedoch erst im Jahre 1265. Es ist sicher, daß damals Vertreter der „towns" und „cities" in dem auf Initiative des Simon de Montfort einberufenen Parlament auftraten, s. *Jennings,* Magna Carta, S. 16; vgl. aber *S. Chrimes,* English constitutional history (1967[4]), S. 75. Im „model parliament" von 1295 wird die Vertretung der „shires", „cities" und „boroughts" klarer.

setzt sich aus Erzbischöfen, Bischöfen, Äbten, Grafen und Baronen zusammen, die vom König durch Briefe namentlich geladen werden, sowie aus allen unmittelbaren Vasallen, die nicht namentlich, sondern als Gruppe durch Amtsdiener geladen werden. Diese treffen an einem bestimmten Ort zu einer bestimmten Zeit zusammen und äußern ihre Meinung über die in der Ladung enthaltene Frage (Art. 14).

Im gleichen Zusammenhang stehen auch die Bestimmungen über die Abschaffung willkürlicher Erhebung von Hilfsgeldern. Es wird vom König niemandem erlaubt, von seinen freien Männern Gelder zu empfangen außer in den im Artikel 12 genannten drei Fällen (Art. 15). Niemand wird zu größeren Leistungen gezwungen als er nach Maßgabe seines Lehens verpflichtet ist (Art. 16). Für die Verteidigung einer Burg darf kein Konstambler (Bürgermeister) einen Ritter zu Geldzahlung zwingen, wenn dieser persönlich die Bewachung übernimmt (Art. 29).

Es ist offensichtlich, daß durch die genannten Bestimmungen der Magna Carta der königlichen Hoheitsbefugnis, bislang Steuern im weitesten Sinne zu erheben, Grenzen gesetzt werden. Seit dieser Zeit beginnt auf „legislativer" Ebene die Bemühung zur parlamentarischen Kontrolle jeglicher Steuererhebung, und sie wird während des gesamten Mittelalters fortgesetzt (siehe Art. 1 der Petition of Right von 1628 und Art. 4 der Bill of Rights von 1689). Die Barone setzten sich zwar durch; dem König fiel es aber schwer, an diesen gegen seinen finanziellen Interessen gerichteten Bestimmungen festzuhalten[18].

Es muß jedoch klargestellt werden, daß die genannten Bestimmungen nicht allgemein und abstrakt die Steuererhebung betreffen, wie behauptet wurde[19]. Sie regeln nur die Auferlegung außerordentlicher feudaler Lasten, denn in normalen Zeiten war der König, wie jeder Lehensherr, verpflichtet „to live of his own" (aus dem Eigenen zu leben)[20]. So sieht der Art. 12, der sich durch seine konkrete Abfassung auszeichnet und schon in der Zeit der Magna Carta besondere Beachtung fand, nur die Erhebung nur von Ersatzzahlungen und außerordentlichen Hilfsgeldern vor. Darüber zu entscheiden, ist das „commune consilium" zuständig. Infolgedessen können diese Bestimmungen weder als ein Schutz für alle „Untertanen", noch als allgemeine Besteuerungs-Richtlinien zum Schutze der „freien" Männer betrachtet werden[21].

---

[18] Siehe *Maitland*, Constitutional History, S. 183.
[19] Von *Taswell-Langmead*, English Constitutional History (1919), S. 106. *Sgouritsas* (S. 17) drückt sich unzutreffend aus, wenn er von der Nichtauferlegung der „Steuern" ohne die Einwilligung des „repräsentativen Organs" schreibt; vgl. oben Anmerkung 17.
[20] Vgl. *Mckechnie*, Magna Carta, S. 239.
[21] Vgl. *Mckechnie*, Magna Carta, S. 249; *Anson* (S. 17) behauptet in Auslegung dieser Bestimmungen: la représentation est une condition de la

d) *Artikel der Magna Carta über Städte, Handel und Händler.* Die Stadt London soll alle ihre alten Freiheiten und ihre alten freien Gebräuche behalten. Ebenso werden allen übrigen Städten, Dörfern und Häfen alle ihre Freiheiten und freien Gebräuche gewährt (Art. 13). In dem gesamten Königreich wird das Londoner Maß als einheitliches Maß für Wein, Bier und Weizen eingeführt wie auch ein einheitliches Maß für die Breite der Stoffe sowie für die Gewichte (Art. 35). Die Fischerei wird nur an den Meeresküsten und nicht in den Flüssen erlaubt (Art. 33). Die Bewegungsfreiheit der Händler im Inland und die Möglichkeit freien Handels mit dem Ausland wird ausdrücklich im Art. 41 vorgesehen, ausgenommen in Kriegszeiten. Darüber hinaus ist es jedem erlaubt, aus dem Königreich frei und sicher auszureisen, nicht aber dem Inhaftierten, den „Gesetzlosen"[22] und den Angehörigen eines gegen England kriegführenden Staates (Art. 42).

Es ist offensichtlich, daß diese Bestimmungen einen mächtigen Anstoß zur Entwicklung des Binnen- und Außenhandels gegeben haben[23]. In der Tat hat seitdem die Freizügigkeit der Händler zur Ausweitung des englischen Welthandels ganz wesentlich beigetragen. In diesem Zusammenhang ist es auch von großer Wichtigkeit, daß der Stadt London ihre alten Privilegien zuerkannt wurden. Die Einführung der Londoner Maße und Gewichte im ganzen Land verstärkte die Bedeutung der Hauptstadt als Handelszentrum[24].

e) *Bestimmungen über gerichtliche Fragen.* Die Prozesse über zivile Streitigkeiten müssen fortan an einem bestimmten Ort geführt werden (Art. 17)[25]. Gerichtsuntersuchungen über die „Anerkennung" des kürzlich vom Besitz des Grundstücks Verdrängten, über die Bestätigung des Besitzes eines Verstorbenen oder über die „letzte Anmeldung"

---

taxation. Diese Behauptung ist nicht richtig. Siehe die Analyse von *Petit-Dutaillis* (Feudal Monarchy, S. 360 f.), wonach der Art. 14 sich im Grunde gegen die Barone richtet, da er sie auch bei ihrer Abwesenheit und ohne ihre Einwilligung verpflichtete; deshalb ist er in den folgenden Auflagen der Carta nicht wiederholt worden.

[22] Siehe unten Anm. 31, letzter Absatz.

[23] Vgl. W. *Blackstone,* Commentaries on the Laws of England (Bd. 1, 2. Aufl., Philadelphia, Lippincott 1859) Buch IV, Kap. 33, S. 423.

[24] Über London als Handelszentrum im 12. Jh. A. *Poole,* From Domesday Book to Magna Carta (1951), S. 89 f., 95.

[25] Die Bestimmung regelt nur die „privaten Streitigkeiten" (common pleas), die von nun an an einem bestimmten Ort (wahrscheinlich Westminster) abgeurteilt werden, und nicht die Streitigkeiten, deren Regelung die königlichen Interessen (royal pleas) berühren. Auf diese Weise wird die Einberufung der bürgerlichen Gerichte (Court of common pleas) leichter und weniger kostspielig. Über ihre Abspaltung von dem ursprünglichen „Curia Regis" und die Entwicklung dieser Gerichte (sowie des „Court of Exchequer" bei „fiskalischen" Angelegenheiten) bei *Mckechnie,* Magna Carta, S. 262 ff.; vgl. auch *Sgouritsas,* S. 45, Anm. 1.

eines Geistlichen zur Bestallung mit einer Kirche müssen in den betreffenden Grafschaften viermal im Jahr und an einem bestimmten Ort und Tag vorgenommen werden. Die Gerichte setzen sich aus den entstandten und den aus der Grafschaft gewählten Richtern zusammen (Art. 18)[26]. Finden die vorgesehenen Gerichtsuntersuchungen nicht innerhalb der bestimmten Frist statt, so verbleiben am Gerichtsort diejenigen der beteiligten Richter, die für die Beurteilung als notwendig betrachtet werden (Art. 19, Ergänzung des vorherigen Artikels; diese ungenaue Bestimmung wurde später geändert).

Ein freier Mensch (Kaufmann oder Bauer) darf nicht willkürlich mit einer Geldbuße bestraft werden. Sie muß der Schwere des Delikts angemessen sein und darf erst nach der beeidigten Aussage rechtschaffener Nachbarn auferlegt werden. Sie darf jedoch das für den Lebensunterhalt des Bestraften Erforderliche nicht beeinträchtigen (Art. 20). Grafen und Barone sollen nur von Ihresgleichen verurteilt werden, und die ihnen auferlegten Geldbußen sollen dem Delikt angemessen sein (Art. 21). Die gleichen Grundsätze gelten für die Geistlichen; diese sollen auch nach dem gleichen Maß und nicht gemäß der Größe ihres kirchlichen Lehens bestraft werden (Art. 22)[27]. Die Lehen derjenigen, die wegen eines schweren Deliktes bestraft wurden, dürfen vom König nicht länger als ein Jahr einbehalten werden (Art. 32)[28]. Künftig darf

---

[26] Es handelt sich um Gerichte, die öfter und schneller dringende Angelegenheiten betreffend den vorläufigen „Besitz" von Immobilien (Anerkennung und Einsetzung) vor der endgültigen Lösung der Eigentumsfrage durch ein anderes Gericht (Grand Assize), das seine Entscheidungen langsamer trifft, entscheiden. Ihre Beziehung zu dem, was später „Schwurgerichtssystem" genannt wurde, ist offensichtlich. S. *Sgouritsas*, S. 46 Anm. 1, 2 und 3 und *Mckechnie*, Magna Carta, S. 270 ff.

[27] Die Art. 20, 21 und 22 zielen auf die Vorbeugung gegen Unterschlagungen bei der Auferlegung von „amerciementa" (Geldbußen) ab, deren Höhe willkürlich vom König oder dem Feudalherrn festgesetzt wurde. Da solche Geldbußen öfter auferlegt wurden, ist die Bedeutung dieser Bestimmungen offensichtlich; vgl. *Mckechnie*, Magna Carta, S. 287; er verweist auf *Maitland* (Gloucester Pleas, XXXIV), der die Bestimmung des Artikels 20 als die am günstigsten betrachtet „... to the mass of the people". Bemerkenswert ist außerdem, daß Sorge dafür getragen wird, daß die Geldbuße auf keinen Fall die „Lebenserhaltung" des Bestraften und seiner Familie gefährdet — salvo „contenemento" suo; s. *Mckechnie*, Magna Carta, S. 293; vgl. *Sgouritsas*, S. 47, Anm. 2. Der Begriff „salvo contenemento suo" scheint keine theoretische Bearbeitung in England erfahren zu haben; er steht im Zusammenhang mit dem modernen und von mir sogenannten „Recht auf Biopräservation"; vgl. *D. L. Kyriazis-Gouvelis*, Die Grundrechte, 1970, §§ 10 und 20.

[28] Nach Ablauf des Jahres gab der König die Ländereien — nachdem er auf Grund eines ihm zustehenden Rechts von ihnen alles Bewegliche weggenommen hat — an den Feudalherrn zurück, dessen Vasall wegen der Verurteilung landlos geworden war. Wenn aber die Verurteilung wegen „Verrats" erfolgte, beschlagnahmte der König jegliches bewegliche und unbewegliche Vermögen des Bestraften. Vgl. *Mckechnie*, Magna Carta, S. 337 und *Sgouritsas*, S. 50, Anm. 1.

niemandem aufgrund eines Lehensverhältnisses ein Gerichtsbefehl zugestellt werden, durch den ein „freier" Mensch der Zuständigkeit seines örtlichen Gerichts entzogen werden könnte (Art. 34)[29]. Der Gerichtsbefehl für den Beginn der Vernehmung eines wegen Mordes Inhaftierten muß fortan unentgeltlich und ohne Gegenleistung zugestellt werden. Die Ausfertigung eines solchen Befehls darf niemandem verweigert werden (Art. 36)[30]. Aufgrund des Antrags einer Frau darf niemand wegen Mordes verhaftet oder inhaftiert werden, es sei denn, es handelt sich um die Ermordung ihres Ehemannes (Art. 54).

Artikel 39 der Magna Carta bestimmt, daß kein freier Mensch festgenommen oder inhaftiert werden darf (daß niemandem Besitz, Freiheit oder Brauchtum genommen werden dürfen)[31], daß niemand als „Gesetzlos" bezeichnet, verbannt oder auf irgendeine Weise mißhandelt werden darf, außer auf Grund eines Urteils von Seinesgleichen oder/und nach dem Gesetz des Landes. Dieser Artikel wurde als „Inkarnation der Freiheiten" bezeichnet. Seit geraumer Zeit wird aber angezweifelt, ob es sich dabei tatsächlich um ein Dokument der Freiheit des

---

[29] Vgl. *Sgouritsas*, S. 51, Anm. 1 und 2.
[30] Vgl. *Maitland*, Constitutional History, S. 129. Diese Bestimmung ist kein Vorläufer des „Auftrages" (writ) eines „habeas corpus", wie irrigerweise behauptet worden ist (so z. B. *Sgouritsas*, S. 51, Anm. 5), da sie die kostenlose Freilassung aus einer ungerechten und langen Untersuchungshaft und nicht den Schutz des gerade erst Inhaftierten (habe oder bringe deinen Körper — habeas corpus — zum Richter), zum Ziel hat; mehr bei *Mckechnie*, Magna Carta, S. 362 f.
[31] Der in Klammer befindliche Zusatz gehört zum Artikel 35 der Magna Carta von 1217; s. *Stubbs / Davis*, S. 343 und *Sgouritsas*, S. 53, Anm. 1. Die Artikel 39 und 40 wurden zu Artikel 29 der Magna Carta von 1225, die von König Heinrich III. gewährt wurde und förmlich bis heute gültig ist, mit Ausnahme der inzwischen abgeschafften Artikel. Im „Statute Book" wird ständig die Carta von 1225 aufgeführt, die auch die endgültige Form der Magna Carta darstellt. Für eine vollständige Analyse der Neuauflagen und Bestätigungen der Carta s. bei *Mckechnie*, Magna Carta, S. 139 f., besonders S. 155; s. diesbezügliche Angaben bei *Bémont*, S. 113. *Coke*, S. 45, erwähnt, daß die Freiheit „of a mans person is more precious to him then all the rest". *Blackstone* sieht im Artikel 39 die „foundation of the liberty of Englishmen", Commentaries..., S. 423; vgl. ebenda Buch I, Kap. 1, S. 127 f.; hier besonders die interessanteste Anmerkung Nr. 8 über die persönliche, politische und natürliche Freiheit. Über die Bezeichnung „freier Mensch" s. oben Anm. 9 und *E. Corwin*, The „Higher Law" Background of American Constitutional Law (1955), S. 31 f., wo auch auf die Bedeutung des Artikels 29 für das amerikanische Verfassungsrecht hingewiesen wird. Über die Frage, jemanden zum „Gesetzlosen" zu erklären (d. h. zum „Exlex" nach Coke) s. *Sgouritsas*, S. 53, Anm. 2 und *Mckechnie*, Magna Carta, S. 384 f. Die Erklärung von jemandem zum „Gesetzlosen" erfolgte nach gerichtlichem Beschluß; danach wurde sein Vermögen beschlagnahmt. Die „Gesetzlosen" befanden sich außerhalb der menschlichen Gesellschaft und konnten nach Gutdünken ermordet werden; sie hatten „a wolf's head", wie man sagte.

2. Kap.: Das Recht der Magna Carta

Volkes oder eher um eine feudalistische Reaktion handelt[32]. Auf jeden Fall durfte der König niemandem Gerechtigkeit verkaufen, verweigern oder die Rechtsprechung verzögern (Art. 40)[33].

f) Bestimmungen hauptsächlich über *Machtmißbräuche örtlicher Beamten*. Weder Menschen noch Dörfer dürfen zum Brückenbau gezwungen werden[34], außer diejenigen, die rechtlich und von altersher dazu verpflichtet sind (Art. 23). Strafprozesse, die unter die Zuständigkeit des Krongerichts fallen, dürfen nicht von örtlichen Beamten geführt werden (Art. 24)[35]. Alle Grafschaften und ihre Unterbezirke zahlen an den König die alten Abgaben ohne Zuschlag (Art. 25). Ein Konstabler oder sonstiger Beamter, der von irgendjemandem Weizen oder sonstige bewegliche Habe erhält, muß sofort zahlen (Art. 28)[36]. Ohne die Zustimmung eines „freien Mannes" dürfen weder ein Sheriff noch ein anderer Beamter dessen Pferde für Transportzwecke wegnehmen (Art. 30). Weder der König noch seine Beamten dürfen fremdes Holz ohne die Zustimmung des Eigentümers wegnehmen (Art. 31)[37]. Ein Beamter darf künftig niemanden ohne glaubwürdigen Zeugen und nur aufgrund von seinen eigenen Aussagen vor Gericht laden. Der König darf keine Rich-

---

[32] Siehe darüber unten (§ 8), wo die Frage eingehend untersucht wird; vgl. auch Artikel 52 der Carta, der die unverzügliche Wiederherstellung vorsieht und damit eine Ergänzung des Art. 39 im Hinblick auf die Enteignung von Ländereien darstellt. Art. 39 führt kein Schwurgerichtssystem (trial by jury) ein, wie man noch heute annimmt; diese irrige Ansicht hat sich für lange Zeit behauptet, wie die Historiker nachgewiesen haben; vgl. *Mckechnie*, Magna Carta, S. 134 f. und *Jennings*, Magna Carta and its influence in the world today (1965), S. 28.

[33] In der Zeit Johanns war der „Verkauf der Gerechtigkeit" zum Skandal geworden, *Maitland*, Constitutional History, S. 93.

[34] Der Bau und vor allem die Erhaltung von Brücken war eine dringliche Angelegenheit, oft auch zum Zweck, die Jagd des Königs zu erleichtern; s. *Mckechnie*, Magna Carta, S. 300 ff.

[35] Über die „örtlichen Behörden" in der Zeit Johanns ohne Land, über die Personen, denen die „Strafgerichtsbarkeit" entzogen wurde, was diesbezüglich die Intentionen der Carta waren darüber und die irrigen Ansichten hierüber s. *Mckechnie*, Magna Carta, S. 308 f., 310 ff. Was den Unterschied zwischen den verschiedenen Prozessen anbetrifft (royal, common pleas), vgl. Art. 17 der Carta, oben, Anm. 25.

[36] Diese Bestimmung sowie die des Art. 30 zielt ab auf die Vorbeugung von Unterschlagungen im Zusammenhang mit der uneingeschränkten Ausübung des königlichen Privilegs, der sog. „purveyance" (Einkäufe von Vorräten für die Zukunft), gegen einen „unbestimmten" Preis für den König und seine Gefolgschaft, wenn er das Land bereiste; dieses Privileg findet man schon seit der Zeit der Normannenkönige. Die Magna Carta schafft dieses Privileg nicht ab, aber sie schränkt es ein, zumal die Vögte es auch für die Bildung von eigenen Vorräten mißbraucht hatten; vgl. *Mckechnie*, Magna Carta, S. 329 f.

[37] Art. 31 entzieht das Privileg der „purveyance" nicht nur den örtlichen Beamten sondern auch dem König selbst; vgl. oben, Anm. 36.

ter, Konstabler, Vögte oder Beamte berufen, die das Recht des Königreiches nicht kennen und nicht bereit sind, es zu schützen (Art. 45).

g) *Regelung von Forstfragen.* Die Menschen, die außerhalb der Forste leben, dürfen von den Forstjustiziaren wegen eines Forstfrevels — mit Ausnahme bestimmter Fälle — nicht mehr vorgeladen werden (Art. 44)[38]. Alle Wälder, die während dieser Regentschaft (Johanns) eingeforstet worden sind, müssen unverzüglich wieder zu freien Wäldern erklärt werden (Art. 47). Alle bestehenden schlechten Bräuche im Hinblick auf die Forste und die Flußufer müssen durch gewählte Ritter überprüft und abgeschafft werden (Art. 48)[39].

h) *Bestimmungen vorübergehender Bedeutung, Korrektur von Mißbräuchen.* Der Erbe eines Vasallen hat für ein heimgefallenes Lehen (escata)[40] dem König das zu entrichten, was er dem Baron (Lehensherrn) zu entrichten hätte (Art. 43). Alle Geiseln und Privilegien, die dem König als Unterpfand gewährt wurden, müssen unverzüglich zurückgegeben werden (Art. 49). Der König wird aus den öffentlichen Ämtern in England bestimmte (namentlich genannte) Personen sowie alle ausländischen Soldaten aus dem Königreich entfernen (Art. 50, 51). Alle diejenigen, denen ohne gesetzliches Urteil „Ihresgleichen" (pares) Ländereien, Bürger, Freiheiten oder Rechte entzogen wurden, werden sie unverzüglich zurückerhalten; eventuelle Meinungsverschiedenheiten werden von 25 Baronen, gemäß Artikel 61 dieser Carta, entschieden werden (Art. 52). Beschwerden im Hinblick auf Forsten, Obhut über Ländereien und auf Klöster werden gerecht beurteilt werden (Art. 53). Ungerechte Steuern und Strafen, die unter Mißachtung des geltenden Rechts des Landes auferlegt wurden, müssen entweder aufgehoben oder von den 25 Baronen gemäß Artikel 61 dieser Carta von neuem geprüft werden (Art. 55). Wenn der König Walisern ihre Ländereien, Freiheiten oder andere Dinge in England oder Wales ohne rechtliche Entscheidung Ihrergleicher entzogen hat, werden sie sofort zurückerstattet. Bei Meinungsverschiedenheiten entscheiden Ihresgleichen (pares) nach dem Gesetz von Wales, wenn es um dortige Lehen geht (Art. 56). Über alles, was die Waliser früher entbehrt haben, wird nun gerecht

---

[38] Über die Entwicklung der verschiedenen Forstgerichte, s. *Mckechnie,* Magna Carta, S. 420 f.

[39] Die Bestimmungen der Artikel 47 und 48 bezüglich der Forste, Flüsse u. a. stellen im wesentlichen den Inhalt der „Carta de Foresta" dar, die Heinrich III. 1217 gewährt hat. Diese wurde wegen Beschwerden an den König über das geltende Forstrecht erlassen und war „gut durchdacht", so W. *Blackstone,* Commentaries..., Buch IV, Kap. 33, S. 423.

[40] Über das Lehen „escata" s. *Sgouritsas,* S. 54, Anm. 1; vgl. aber auch die Beschreibung von R. *Thomson,* An Historical Essay on the Magna Carta of King John (1829), S. 236, sowie die Bemerkungen von *Mckechnie,* Magna Carta, S. 60.

entschieden; ihre Geiseln und Privilegien werden unverzüglich zurückgegeben (Art. 57, 58)[41]. Bezüglich der Rückgabe der Geiseln, der Freiheiten und der Rechte des Königs der Schotten wird der König wie gegenüber den Baronen Englands handeln (Art. 59).

§ 6 Garantie für die Einhaltung der Magna Carta

Endlich führt die Magna Carta eine bemerkenswerte Garantie für die Respektierung ihrer Bestimmungen ein. So sieht sie in ihrem Artikel 61 ausdrücklich die Bildung eines Gremiums von 25 Baronen vor, die verpflichtet sind, „mit all ihren Kräften die Erhaltung des Friedens und die Gewährung der Freiheiten zu beachten, zu garantieren und zu erzwingen...". Wenn der König, einer seiner Richter oder Beamten jemandem Unrecht zufügt, oder einen Artikel der Carta bricht und der Frevel vier Baronen des genannten Gremiums mitgeteilt wird, und wenn, innerhalb von 40 Tagen nach der Anzeige der vier Barone an den König, das Recht nicht wiederhergestellt ist, müssen die 25 Barone gemeinsam mit dem Volke ihn mit allen verfügbaren Mitteln (Besetzung von Burgen, Ländereien usw.) zwingen, das Unrecht nach ihrer Beurteilung zu beseitigen, ohne seine Person anzutasten. Im Falle einer Meinungsverschiedenheit oder falls einige der Vorgeladenen nicht erscheinen, entscheiden im Gremium der 25 Barone die Anwesenden mehrheitlich[42]. (Art. 61, der längste der Carta[43].)

Die oben erwähnte Garantie der Respektierung der Magna Carta, vorbeugend und repressiv zugleich, ist zum klassischen Vorbild von Bestrebungen zur Organisierung[44] eines „Widerstandsrechts" geworden. Hier können wir wohl von der „Legalisierung" eines kollektiven Widerstandsrechts, jedoch nicht von einem „verfassungsmäßigen Mechanis-

---

[41] Die Art. 56, 57 und 58 zeigen die Bedeutung, die die Barone dem Bündnis mit Wales beimaßen. Besonders der Art. 56 sieht für die Waliser das vor, was der Art. 52 für die Engländer vorsieht.

[42] Die Bestimmung über die Bindung der Abwesenden an die Mehrheitsbeschlüsse der Anwesenden sowie die ähnlichen Bestimmungen des Art. 14 wurden in den Ausgaben und Bestätigungen der Carta nach 1215 nicht wiederholt; s. W. Mckechnie, The Democracy and the Constitution (1912), S. 156.

[43] Die Prozedur der Intervention der 25 Barone wird auch für die Fälle von Artikel 52 und 55 vorgesehen.

[44] Vgl. aber C. *Schmitt*, Verfassungslehre, S. 164, der das Widerstandsrecht als persönliches Recht ansieht, das nicht organisiert werden kann; nach ihm gehört es jedoch zu den echten Grundrechten; vgl. auch R. *Stammler*, Philosophie des Rechts (Übers. Kosmopoulos 1964), S. 200; er meint, daß die Formulierung eines Widerstandsrechts im positiven Recht nicht möglich sei. Über das Widerstandsrecht aus theoretischer Sicht im Hinblick auf die Grundrechte s. D. *Kyriazis-Gouvelis*, Die Grundrechte, 1970, S. 83.

mus" zur Kontrolle des Königs sprechen[45]. Auf jeden Fall aber stellt die genannte Regelung während ihrer vorbeugenden Phase, d. h. bis zum Verstreichen der Wiederherstellungsfrist, eine „juristische" Vorsichtsmaßregel dar, die zur Schaffung eines Rechtsinstitutes führen kann, wenn man sie nicht bereits als Ansatz eines solchen ansieht.

Außer der oben erwähnten Garantie enthält der nächste Artikel 62 eine „Erklärung" des Königs, wonach er die Böswilligkeiten, den Haß und die Gesetzwidrigkeiten aller (Laien und Kleriker), die während der Auseinandersetzung zum Ausdruck gekommen waren, verzieh, und daß er den Auftrag gegeben hat, Briefe abzufassen, die die Garantie des Artikels 61 und die sonstigen Zugeständnisse bezeugen.

Im letzten Artikel (63) haben die Parteien ihren Vorsatz beschworen, daß die Kirche frei bleibt, und daß die Menschen alle genannten Freiheiten, Zugeständnisse und Rechte, frei, friedlich, ungeschmälert und auf ewig genießen werden. Zeugen dieses Schwures waren alle in der Präambel genannten sowie viele andere. Die Magna Carta wurde „durch die Hand" des Königs gegeben[46].

§ 7 Kritische Bemerkungen

Die gesamte Verfassungsgeschichte Englands, einzigartig in ihrer friedlichen Entwicklung, wurde als „Kommentar zur Magna Carta"[47] und deren Erhaltung als „Synonym des Verfassungsstaates" bezeichnet[48]. Seit dem Erlaß der Carta bis zum Ende des Mittelalters stellte sie

---

[45] So die Ansicht von *Br. Lyon*, A Constitutional and Legal History of Medieval England (1960), S. 322; *Mckechnie*, Magna Carta, S. 468, der bei einer eingehenden Analyse der Bestimmung bemerkt, daß eine solche „formula securitatis" — nach einem Ausdruck jener Zeit — keine Neuerung sondern etwas, das „die Barone im feudalistischen Recht gefunden haben" darstellt, S. 472. *A. Poole*, S. 476 spricht von „juristischem Widerstandsrecht".

[46] Trotz der beschworenen Versprechungen hat der König bekanntlich kaum einen Monat nach der Ratifizierung der Carta ihre Abschaffung vom Papst verlangt; vgl. unten § 7.

[47] So *Stubbs / Davis*, S. 291. Es muß jedoch erwähnt werden, daß von den 63 Artikeln der Magna Carta von 1215 nur noch sehr wenige Bestimmungen günltig sind; sie sind mit geringfügigen Änderungen in die heute förmlich gültige Carta Heinrichs III. (1225) einverleibt. So gelten noch die folgenden 13 Artikel: 1, 9, 13, 20 - 23, 33, 39, 40, 41, 44 und 47. Einige Bestimmungen der Magna Carta von 1215 sind in deren späteren Auflagen nicht wiederaufgenommen worden; dies betrifft die Artikel 10 - 12, 14, 15, 25, 27, 42, 45, 48 - 53, 57 - 59 und 61 - 63 (insgesamt 22). Die Bestimmungen der restlichen 28 Artikel sind im Laufe der Zeit für ungültig erklärt worden; s. darüber *Ivor Jennings*, Magna Carta and its influence in the world today, 1965, S. 14 f. Über die Ratifizierungen und die Texte nach 1215 vgl. *Sgouritsas*, S. 19 Anm. 1.

[48] *Wade / Phillips*, Constitutional Law (1958), S. 6. Nach *G. M. Trevelyan*, History of England, 1953³, Bd. I, S. 227, stellt die Magna Carta „den ersten Schritt auf dem Verfassungsweg" dar. Die drei Texte — Magna Carta, Peti-

einen Teil des politischen Programmes der Barone dar und war während der beiden ersten Jahrhunderte das ständige „Grundgesetz" ihres politischen Handelns. Seit dem 17. Jh.[49] jedoch wurde sie auch zum Symbol für das Volk. Während des Mittelalters erwartete man von jedem neuen König ihre Ratifizierung, und diese wurde bei der Thronrede vor den Parlamenten vorgenommen. Bis zum Jahre 1416 wurde sie demnach über mehr als fünfzigmal von neuem bestätigt. Die wiederholte Mißachtung der Magna Carta seitens des Königs führte zu immer neuer Berufung auf sie und damit allmählich zu ihrer immer nachhaltigeren Bestätigung. Eine theoretische Bearbeitung fand während des Mittelalters aber nur selten statt, und in der Zeit der Tudors (15. Jh.) geriet die Carta sogar fast in Vergessenheit. Während der Bürgerkriege des 17. Jhs. wurde sie aus der „Versenkung" hervorgeholt und gewann seitdem eine fast mythische Strahlkraft, die sie bis heute behalten hat. Im Hinblick auf den Beitrag der englischen Geschichte im Kampf des Menschen um seine Rechte innerhalb der politischen Gesellschaft wurde die Carta als große „Trophäe" — eine der drei — bezeichnet, die „... nach Jahrhunderte währenden Kämpfen in England errichtet wurden"[50].

Als juristischer Text hat die Magna Carta keinen höheren Geltungsrang als irgendein anderes Gesetz des englischen Parlaments. Sie wurde mit Recht sogar nun als ein Dokument „quasi gesetzgeberischer" Natur[51] angesehen, da es sich bei ihr nicht um ein geschriebenes Gesetz des Parlaments (statute) handelt. Historiker und Verfassungsrechtler maßen ihr jedoch — vor allem seit dem 17. Jh. — eine besondere Bedeutung bei; ihr wurde daher ein gewisser Respekt und sogar Anhänglichkeit zuteil, wie es einem Grundgesetz gebührt.

---

tion of Right, Bill of Rights — sind als die „Bibel der englischen Verfassung" bezeichnet worden, so *Lord Chatham* 1708 - 1778; zusammen mit dem „Geist der britischen Verfassung" stellen sie die vier Säulen dar, auf denen Juristen und Politiker noch heute den „englischen Konstitutionalismus aufbauen"; W. *Dunham*, Magna Carta and the British Constitutionalism, in: The Great Charter (Four Essays... publ. Pantheon) 1965, S. 42.

[49] Siehe die Artikel 3 und 4 der Petition of Right von 1628, die sich auf die Magna Carta als der „Carta der Freiheiten Englands" berufen; vgl. *D. Kyriazis-Gouvelis*, Das Jahrhundert der Verfassung (England 1603 - 1701), in der Festschr. für Fragistas (IB' d, 1966), S. 596 f.

[50] Vgl. *N. Kazantzakis*, Reisen, England, 5. Aufl. 1964, S. 14.

[51] *H. Phillips*, The Constitutional Law, 1957, S. 17. Wie *Corwin* (S. 33) erwähnt, wurde im Jahre 1368 zu der gewöhnlichen Form der Ratifizierung hinzugefügt, daß ein Gesetz, das im Gegensatz zu der Carta steht, „soit tenuz p'nul" (ungültig ist); *Coke*, Institutes of the Laws of England, bewertet sie im Vorwort, in dem er die Geltung der „statutes" analysiert, als „the highest and most binding laws... established by parliament"; er fügt hinzu, daß „... any statute contrary to the great charter... shall be holden for none"; vgl. auch *Radin*, The Myth of Magna Carta, S. 1065.

Welche Bestimmungen der Magna Carta förmlich noch bis heute in Kraft sind und aus welchen Texten sie stammen, wurde bereits dargelegt (s. oben, Anm. 47). Im Allgemeinen berufen sich die Juristen auf die Carta Heinrichs III. von 1225, die 1297 ins „Gesetzbuch" übernommen wurde. Die Historiker und Verfassungsrechtler hingegen stellen in ihren Forschungen die Carta von 1215 in den Vordergrund, die auch Gegenstand der vorliegenden Abhandlung ist. Es ist aber nicht zu leugnen, daß die streng formelle (juristische) Betrachtungsweise der Magna Carta gegenüber ihrer tatsächlichen „Geltung" und ihrer allgemeinen verfassungsrechtlichen Bedeutung in den Hintergrund treten muß.

In diesem Zusammenhang ist die Bemerkung von Corwin anzuführen, wonach das englische positive Recht, bevor es „higher law" wurde, bereits „positive law" im engeren Sinne war[52]. Dies trifft vor allem für die Magna Carta zu, die in der Tat „geltendes" positives Recht, Teil des „common law" war, bevor sie ihre „superlative Größe" erlangte[53].

Auf jeden Fall aber kann der Magna Carta weder ein moderner verfassungsmäßiger Sinn beigemessen werden, noch kann auf sie die heutige verfassungsrechtliche Terminologie angewandt werden. Durch sie wird weder eine einheitliche Grundordnung im Staat geschaffen oder organisiert noch wird die Ausübung der Staatsgewalt irgendwie normativ abgegrenzt[54]. Die in diesem Zusammenhang vertretenen Ansichten, sie stelle einen Kontrakt des öffentlichen oder des Privatrechts[55] oder ein Abkommen zwischen dem König und seinen Untertanen[56] oder auch nur eine Deklaration von Rechten[57] dar, sind nicht haltbar. Die Magna Carta war hauptsächlich ein feudales „stabilimentum" das im damaligen Staat eine gewisse Befriedung herbeigeführt hat[58].

---

[52] *Corwin*, S. 24.

[53] Siehe die Analyse der Gründe, weshalb die Magna Carta „berühmt" geworden ist bei W. *Mckechnie*, Magna Carta (An address... anläßlich des 700. Jahrestages ihrer Entstehung, in Commemoration Essays, 1917), S. 16 f. Vgl. auch C. *McIlwain*, Magna Carta, in Commemoration..., S. 122 f. und *Coke*, Institutes of the Laws of England, im Vorwort.

[54] Über die Teilung und Abgrenzung der politischen Gewalt als Element des Verfassungsbegriffs s. D. *Kyriazis-Gouvelis*, Die Grundrechte, 1970, S. 13 und Verfassungsrecht/Systematische Grundlegung 1974⁵ - 1981, § 7, S. 78 ff.

[55] Siehe E. *Boutmy*, Études de droit Constitutionnel, 1885, S. 45.

[56] W. *Stubbs*, Constitutional History of England, Bd. I, S. 595.

[57] W. *Anson*, The law and custom of the Constitution, Bd. I, S. 21; Anson vertritt die Ansicht, daß die Carta „zum Teil Deklaration von Rechten und zum Teil Vertrag zwischen Krone und Volk" ist.

[58] Vgl. *Mckechnie*, Magna Carta, S. 105 f. und S. 108, wo eingehend der mittelalterliche Begriff des „establissement" als „gesetzgeberischer Akt institutionellen Charakters" analysiert wird, der die Wohlfahrt eines Landes beeinflußt und ein kollektives Zusammenwirken aller Volksschichten erfordert.

2. Kap.: Das Recht der Magna Carta

Die Magna Carta hatte weltweiten Einfluß und war eine der mittelbaren Grundlagen und quasi Vorbild für die Deklaration von Rechten[59]. Die amerikanische Deklaration von Rechten fußt auf ihr und zwar in unmittelbarer Weise[60]. Auch das amerikanische Recht, vor allem was die Rechte und die Freiheiten des Bürgers besonders vor den Gerichten anbetrifft, ist unverkennbar von der Magna Carta beeinflußt worden. Der Hinweis auf die Magna Carta in gerichtlichen Entscheidungen kommt heute immer noch vor[61].

Die Magna Carta garantiert „Rechte", die auf die „Bedürfnisse"[62] der verschiedenen Stände der mittelalterlichen Feudalgesellschaft zugeschnitten sind. Infolgedessen steht das Individuum und seine Belange nicht im Zentrum der Carta. Sie sanktioniert hauptsächlich Gebräuche, Rechte und Freiheiten, die von der königlichen Gewalt mißachtet worden waren; sie formuliert keine „natürlichen und unverzichtbaren Rechte" noch proklamiert sie abstrakte Begriffe; sie beschränkt sich vielmehr angesichts der Beschwerden der verschiedenen Stände und der Willkürakte des Königs, auf praktische Maßnahmen zur Befriedung der Gesellschaft. Die Barone zwangen König Johann, die Carta zu unterschreiben und damit „ein Werkzeug" zu gewähren, „das, obwohl im Grunde genommen zum Schutze der Lords gedacht, von den folgenden Generationen, die dem König und nicht den Lords mißtrauten, als Schutz der Freiheiten des Volkes betrachtet wurde"[63]. Aus diesem Grunde ist es erklärlich, daß aus den verschiedenen Bestimmungen der Carta Gedanken herausgelesen werden können, die auch ihre Initiatoren in Erstaunen versetzt hätten[64]. Wegen der Eignung der Magna

---

[59] Vgl. *H. Lauterpacht*, International Law and Human Rights, 1950, passim. Nach *Chr. Sgouritsas*, Verfassungsrecht, 1959, S. 72, sind mittelbare Quellen nur diejenigen Prinzipien der Deklarationen, die die „modernen Regime durchdringen" und die die Staatsorgane bei der Anwendung der Verfassung irgendwie „binden". Das Problem jedoch ist, was eigentlich „Prinzipien, die durchdringen" können bedeuten, auf welche Weise und aus welchem Grunde sie binden; s. oben § 2 Anm. 31.

[60] Vgl. *H. D. Hazeltine*, The influence of Magna Carta on American Constitutional Development, in: Commemoration, S. 180 f. Nach Ansicht von *M. Radin*, Handbook of Anglo-American Legal History, 1936, S. 286, hat Ed. Coke „für die kommenden Generationen den Mythos der Magna Carta" geschaffen; vor allem angesichts des Umstandes, daß die Amerikaner entweder nicht wollten oder keine praktische Möglichkeit hatten, die Auffassung Cokes vor etwa dem Jahre 1650 kritisch zu durchleuchten und auch wegen seiner unangefochtenen Autorität — obwohl er die „Magna Carta völlig mißverstanden" hatte. Vgl. auch unten § 8.

[61] Vgl. Bridges v. California, 314 U.S. 252, 282 (1941) und Kennedy v. Mendoza-Martinez, 372 U.S. 144, 186 (1963).

[62] „The Charter sets out the rights of the various classes ... according to their different needs", *Wade / Phillips*, S. 5.

[63] *Ivor Jennings*, The Law and the Constitution, 1959, S. 46.

[64] *Petit-Dutaillis*, in: W. Stubbs, Histoire Constitutionnelle de l'Angleterre, Bd. I, 1907, S. 894 (XII Studie).

Carta, sich ständig den neuen Bedingungen anzupassen, ist sie mit dem „wiedergeborenen Phönix" verglichen worden[65]. Auf jeden Fall erreichten die Barone, die keine abstrakten Vorstellungen von Recht und Gesetz hatten, in ihren Bemühungen, ihre Interessen zu sichern, die Einführung gewisser Verwaltungsreformen[66], während der König sich dem hauptsächlich von wirtschaftlichen Interessen bestimmten Gesetz unterwarf[67].

Zwei Monate nach der Unterzeichnung der Magna Carta und auf einen entsprechenden Antrag des Königs hin hat sie der Papst nicht nur als eine „beschämende Vereinbarung...", sondern auch als „gesetzwidrig und ungerecht", als „nicht existierend und bar jeder Geltung auf ewig" bezeichnet und hat sowohl den König wie auch die Barone unter Androhung des Bannes angewiesen, sie nicht in Anwendung zu bringen[68]. Dies hat jedoch die glänzende „Laufbahn" der Magna Carta weder gehemmt noch irgendwie beeinflußt. Aus all dem geht unverkennbar hervor, daß das eigentliche Problem, das zwischen König und Baronen bestand, der völlige Mangel an Vertrauen war, der

---

[65] *Ph. Kurland,* Magna Carta and the Constitutionalism in the United States: „The Noble Lie", in: The Great Charter (Four Essays ... publ. Pantheon) 1965, S. 49.

[66] In seinem Bemühen, das Wesen der Magna Carta zu erfassen, schreibt *N. Kazantzakis,* S. 279: „Die Gemeinschaft hat gekämpft, um die politischen und wirtschaftlichen Privilegien zu sichern — die „Freiheiten", wie man sie nannte —, um die Willkür des Königs einzuschränken, um durch eigene Vertreter mit zu bestimmen und damit die Gesamtheit über die Interessen Aller entscheiden zu lassen."

[67] *Winston Churchill* beschreibt mit der Kraft seiner Feder — wenn auch manchmal ein wenig übertreibend — wie folgt die verfassungsmäßige Bedeutung der Carta: „Nun wird der König zum erstenmal von einem Gesetz gebunden... Die Carta wurde im Laufe der Zeit zum geduldigen Zeugen dafür, daß die Macht der Krone nicht absolut war. Die Tatbestände, die sie zum Gegenstand hat und die Verhältnisse, die diese Tatbestände verursacht haben, sind begraben oder mißverstanden worden. Die innewohnende Idee der Herrschaft des Gesetzes aber, die seit langem in den feudalistischen Verhältnissen existierte, ist von der Carta ans Licht gebracht und zur Doktrin des nationalen Staates erhoben worden. Und wenn immer der Staat, in nachfolgenden Generationen, aufgeblasen durch seine Obrigkeit es gewagt hat, die Rechte oder die Freiheiten des Bürgers zu mißachten, wurde an diese Doktrin appelliert und zwar bis heute niemals ohne Erfolg" (A history of the English Speaking Peoples, New York 1956, Bd. I, S. 257). Die während des Mittelalters geltende Ansicht, daß „jede Gewalt dem Gesetz entspringt (göttlichem oder menschlichem) und daß niemand (König, Minister oder Untertan) über dem Gesetz steht, führte zur Formulierung des Axioms: „the rule of law"; vgl. vor allem *Wade,* Einführung in Dicey, Introduction to the Law..., 10. Aufl. 1965, S. XCVI f. Üblicherweise verkennen auch bedeutende Autoren leider die Entwicklung des Prinzips des „Rechtsstaates" in England und begnügen sich mit der Anführung von französischen oder deutschen „Konstruktionen".

[68] *Cheney* and *Semple* (Hrsg.), Selected Letters of Pope Innocent III (1953), S. 216. Vgl. *Mckechnie,* Magna Carta, S. 45 f.

2. Kap.: Das Recht der Magna Carta

nur schwerlich durch irgendwelche „Zugeständnisse" beseitigt werden konnte. Die Barone strebten die Entthronung des Königs an und erreichten letztlich durch Kompromiß die Magna Carta, deren Geltung sich trotz päpstlicher Nichtigkeitserklärung als unbesieglich erwies.

§ 8 Die Magna Carta: Stabilimentum des Feudalismus oder Palladium der Freiheiten?

Im allgemeinen erfuhr die Magna Carta zwei an sich gegensätzliche Auslegungen. Nach der klassischen Ansicht stellt die Carta „das Palladium der Freiheiten" des englischen Volkes dar, indem der kollektive Wille der Nation den König zwang, sich einem Gesetz zu unterwerfen[69]. Auf dieser Grundlage bildete sich der „Mythos" der Magna Carta. Seit dem Ende des vergangenen Jahrhunderts jedoch begann der wissenschaftliche Aufstand gegen diesen Mythos, und die Carta wurde nunmehr als reaktionäre Wiederherstellung der feudalistischen Privilegien, Prozesse und Gewohnheiten angesehen[70].

Aus dem Studium des Textes selbst geht unter Berücksichtigung der verschiedenen von einander abweichenden Auslegungen tatsächlich eindeutig hervor, daß die Carta kein „nationales" Dokument darstellt, welches den Schutz der englischen „Gemeinschaft" in ihrer Gesamtheit bezweckt, sondern ein feudalistisches „établissement" par excellence, das vor allem die Befriedigung der Interessen der Barone anstrebt[71]. Die

---

[69] Die klassische Ansicht, die hauptsächlich auf dem Artikel 39 fußt, wurde vor allem von *Ed. Coke*, Second Institute, 1642 (der erste Kommentar über die Carta) und *W. Blackstone*, The Great Charter and the Charter of the Forest (1759), vertreten. *Stubbs* hat sich dann auf sie berufen. Vgl. oben § 7, Anm. 60. In Griechenland folgt *Chr. Sgouritsas*, S. 20 f., dieser Auslegung; er ignoriert aber nolens volens die andere Ansicht und läßt die seit der Wende dieses Jahrhunderts in dieser Richtung verfaßte Literatur unbeachtet.

[70] Diese Auslegung hat vor allem *Petit-Dutaillis* gefördert, S. 336 f. und besonders S. 358 f. und in: Studies and Supplementary to Stubb's Constitutional History II, 1908; ebenso *McKechnie*, Magna Carta, Commentary of the Great Charter, 2. Aufl. 1914; er hat damit einen vollständigen modernen Kommentar zur Carta gegeben und hat dafür Literatur benutzt, die früher unbenutzt geblieben war.

[71] So auch *Br. Lyon*, S. 321; er meint, die klassische Ansicht stütze sich auf das Gefühl und die Phantasie (S. 323). Vgl. auch *Mckechnie*, Magna Carta, S. 387, der bei der Analyse des Artikels 39, den man „Palladium der Freiheiten" genannt hat, die Meinung vertritt, daß dieser eine „reaktionäre" Bestimmung einführte, die auf die Wiederherstellung „feudalistischer Privilegien und Gewohnheiten" abzielte, die „weder für die Krone noch für die Entwicklung der Freiheiten des Volkes günstig waren". Dem stimmt auch C. H. *McIlwain*, Constitutionalism and the Changing World, 1939, S. 86 f., zu. *Blackstone* ist der Ansicht, daß die Magna Carta „... viele das feudalistische Eigentum betreffenden Beschwerden" abgeholfen hat, fügt aber hinzu, daß außer diesen feudalistischen Bestimmungen „auch der Schutz" des Untertanen gegen anderweitige Unterdrückungen „angestrebt wurde" (Commentaries on the Laws of England, S. 423).

große Mehrheit der Engländer blieb außerhalb der Vergünstigungen der Magna Carta, da der „freie Mensch" des Königreiches (d. h. nicht der Adlige stricto sensu, und schon gar nicht der Leibeigene lato sensu, sondern vor allem der „Landbesitzer") nicht das englische Volk ausmachte. Infolgedessen handelt es sich hierbei nicht um eine Deklaration der Rechte der Engländer schlechthin und noch viel weniger um eine Deklaration der Menschenrechte[72].

Es ist aber dennoch wahr, daß auch der Mythos der Carta, ihr „fiktiver"[73] Inhalt eine positive Wirkung gehabt hat. Dies trifft vor allem für ihre Bestimmungen über juristische und gerichtliche Garantien zu. Diese waren Vorbild für die Deklaration von Menschenrechten im 17. Jahrhundert in England und im 18. Jahrhundert in Amerika[74]. Allein aus diesem Grunde kann behauptet werden, daß die Magna Carta der Vorläufer der Deklaration der Menschenrechte geworden ist.

§ 9 „Welfare status" der Barone

Aus den oben behandelten Bestimmungen der Magna Carta von 1215 (§ 5) läßt sich die theoretische Ansicht, daß alle ihre grundsätzlichen Rechte wesentlich die Befriedigung elementarer „Bedürfnisse" der Menschen oder zumindest von Gruppen oder Klassen einer politischen Gemeinschaft zum Gegenstand haben auch empirisch aufzeigen. Das gilt im vorliegenden Fall für die Barone, deren Bedürfnisse im wesentlichen mehr mit Vermögens- und wirtschaftlichen Regelungen als mit den traditionellen „Freiheiten" zu tun hatten. Wenn man die einzelnen Bestimmungen der Magna Carta unbeeinflußt von nachträglichen[75] Interpretationen liest, wird man in der Tat sofort feststellen, daß fast alle

---

[72] Vgl. *Maitland*, Constitutional History, S. 15. *Radin*, The Myth of Magna Carta, S. 1063 meint bezeichnenderweise, wenn der hier analysierte Text von 1215 und nicht der förmlich noch geltende Text von 1225 befolgt worden wäre, würde England in eine feudalistische Oligarchie zurückgefallen sein. Diese Behauptung ist jedoch übertrieben, denn alle Texte und vor allem der von 1215 haben letztlich (nach vielen Jahrhunderten) einen großen Einfluß auf die Festigung der klassischen Menschenrechte in England gehabt. In der Tat beide Carten (of Liberties und of the Forest) seit ihrem Erlaß „... have been often endangered, and undergone very many mutations, for the space of near a century, but were now fixed upon an external basis...", W. *Blackstone*, The Great Charter..., 1759, S. LXXIV.

[73] *Br. Lyon*, S. 324; er meint, daß die als „document of Liberty" mehr bewirkt hat als die tatsächliche Carta.

[74] *J. Bryce*, The American Commonwealth, 2. Aufl. 1889, Bd. I, S. 422 f., führt an, daß der Abschnitt der amerikanischen Verfassungen über die Menschenrechte geschichtlich der interessanteste ist, da er „... the legitimate child and representative of Magna Carta" darstellt.

[75] Vgl. *Petit-Dutaillis*, in: Stubbs, S. 880, der auf dem „lire les textes!" besteht.

2. Kap.: Das Recht der Magna Carta

Regelungen stricto sensu wirtschaftlicher Natur sind. Abgaben für die Übernahme von Erbschaften oder Mitgiften, Zahlung von Schulden und Entrichtung von Zinsen, Auferlegung von Abgaben und Hilfsgeldern, Bewegungsfreiheit für die Händler, Rückgabe von Landgütern an bereits Bestrafte, Prozesse um den Besitz von Immobilien, Verurteilung auf Zahlung einer angemessenen Geldbuße usw. stellen die Themen dar, die unmittelbar Beziehungen wirtschaftlicher Natur widerspiegeln. Und auch weiter: ein Gerichtshof aus Vertretern der Klasse des Angeklagten, Verweigerung des „Verkaufs" der Gerechtigkeit, sowie die Möglichkeit der Wiedergutmachung geschehenen Unrechts sind ebenfalls Regelungen, die mittelbar oder unmittelbar hauptsächlich wirtschaftliche Streitigkeiten voraussetzen oder betreffen, soweit es sich freilich nicht um rein strafrechtliche Prozesse handelt. Demzufolge liegt der Gedanke nahe, daß die Carta im Rahmen des damals geltenden feudalistischen Systems im wesentlichen die Garantie der wirtschaftlichen Interessen der Barone zu ihrer materiellen Sicherung anstrebte. Damit haben sie den König unter ihr „Gesetz" mit einem hauptsächlich wirtschaftlichen Inhalt gezwungen. Außerdem soll besonders angemerkt werden: in keiner Bestimmung der Magna Carta kommt zum Ausdruck, daß die materielle Sicherung der Barone irgendeinem geistigen oder auch nur sozialen Zweck dient. Die Sicherung ihrer materiellen Existenz ist demnach Selbstzweck.

Die Redefreiheit und die Freiheit des Geistes im allgemeinen, also die sogenannte Grundlage der klassischen Freiheiten in England fehlen in der Magna Carta völlig. Die Barone ließen sich von keinen abstrakten Ideen leiten. Sie waren von einem praktischen Geist erfüllt, und die Beweggründe ihres Handelns sind nur in ihren materiellen Interessen zu finden. Also: Erhaltung um der Erhaltung oder höchstens der eigenen Wohlfahrt willen. Wir können in soziologischer Umkehrung moderner Terminologie hinzufügen, daß die Magna Carta letzten Endes eine Art „Wohlfahrtsstaat" für die Barone einführte oder zumindest einen solchen anstrebte. Dies ist auch mit dem englischen Ideal des materiellen „Welfare" und des Utalitarismus selbst vereinbar, auch wenn wir im übrigen die allgemeine Geltung dieses Ideals in England verneinen wollten. Kein anderer bekannter Text über Menschenrechte zeigt deutlicher, daß die „Freiheit" auch einen — und zwar vornehmlich — materiellen Inhalt hat.

Nach alldem reicht die oft gehörte Behauptung, daß die Carta die „Privilegien" der Barone wiederhergestellt habe, nicht mehr aus; sie muß dahingehend ergänzt werden, daß diese Privilegien wirtschaftlicher Natur waren, die unter einen für die damalige Zeit bedeutenden rechtlichen Schutz gestellt wurden und daß die von der Carta vorgesehenen „Prozeduren" in ihrer Gesamtheit einen „Mechanismus" zur Sicherung gerade dieser Privilegien bildeten.

Das durch einige Bestimmungen der Carta verminderte und der Höhe nach festgelegte, aus außerordentlichen Quellen fließende „Feudal"-Einkommen des Königs — das zudem noch auf bestimmte objektive und manchmal prozessuale Grundlagen gestellt wurde — verschaffte den Baronen gegenüber dem König sowie auch ihren eigenen Vasallen ihnen selbst gegenüber eine nennenswerte finanzielle Unabhängigkeit. Dies war für die Schaffung und Ausgestaltung staatlicher Institutionen — wie z. B. des Parlaments — von großer Bedeutung. Diese Entwicklung ist geeignet, die Ansicht zu bekräftigen, daß nur der innerste Kreis der Aktivität des Menschen und Bürgers wirtschaftlicher Natur ist; das Wesen der letzten und alles andere einschließende Sphäre seines Handelns hingegen ist politisch.

In der Überzeugung, daß die Lebenserhaltung und die geistige Entfaltung des Menschen seine wahrhaft fundamentalen Rechte sind — wie wir an anderer Stelle dargelegt haben[76] — könnten wir auch sagen, daß die Magna Carta den Schutz eines Rechts auf Lebenserhaltung sui generis der Barone einführt.

Das Feudalsystem verschwand bald, viel früher als der welfare status der Barone. Der Wesenskern der Magna Carta enthält jedoch eine historische Lehre ad aeternum: der Mensch sucht allein oder in Gruppen in jedem Staat und in jeder Zeit die Sicherung seiner materiellen Existenz. —

---

[76] Vgl. *D. Kyriazis-Gouvelis*, Fundamentale Rechte / Fundamentum theoreticum (1970² - 1979), §§ 10, 11, 15, 19 und 20 und Verfassungsrecht / Systematische Darlegung (1974⁵ - 1981), § 6. Diese These habe ich schon in meiner Dissertation vertreten (1952, Heidelberg).

Zweiter Teil

Der Text der Magna Carta von 1215*

Präambel

Johann, von Gottes Gnaden König von England, Herr von Irland, Herzog der Normandie und Aquitaniens und Graf von Anjou entbietet den Erzbischöfen, Bischöfen, Äbten, Earls, Baronen, Justiziaren, Forstverwaltern, Sheriffs, Vorstehern, Ministerialen und allen seinen Beamten und Lehensleuten Gruß.

Wisset, daß Wir im Angesicht Gottes und für Unser und aller Unserer Vorgänger und Nachfolger Seelenheil, zur Ehre Gottes und der Erhöhung der heiligen Kirche, und zur Verbesserung Unseres Königreiches, gemäß dem Rat Unserer ehrwürdigen Väter, Stephens, Erzbischofs von Canterbury, Primas von ganz England und Kardinal der heiligen römischen Kirche, Henrys, Erzbischofs von Dublin, der Bischöfe William von London, Peter von Winchester, Jocelyn von Bath und Glastonbury, Hugh von Lincoln, Walter von Worcester, William von Coventry, und Benedict von Rochester, des Magisters Pandulf, Subdiakons und Angehörigen des päpstlichen Hofes, des Bruders Aymeric, Meisters des Templerordens in England, und der Edeln William Marshall, Graf von Pembroke, William, Graf von Salisbury, William, Graf von Warenne, William, Graf von Arundel, Alan von Galoway, Konstabler von Schottland, Waren Fitz Gerald, Peter Fitz Herbert, Hubert von Burgh, Seneschall von Poitou, Hugo von Neville, Matthäus Fitz Herbert, Thomas Basset, Alan Basset, Philipp von Albini, Robert von Rosesle, Johann Marshall, John Fitz Hugo und anderer Unserer Lehensleute (folgende Zugeständnisse gemacht haben).

---

* Die deutsche Übersetzung habe ich in Zusammenarbeit mit dem Juristen Herrn Klaus Wieser, Heidelberg, angefertigt; es wurde vom lateinischen Urtext ausgegangen unter vergleichender Heranziehung der dt. Übersetzungen von Fritz Cramer (Zürich 1937) und Hans Wagner (Bern 1951, Herbert Lang Verlag) sowie meiner griechischen Fassung des Textes.
  Berücksichtigt wurde ferner die moderne englische Übersetzung von *Ivor Jennings* (Magna Carta and its influence in the world today, gedr. für Her Majesty's Stationary Office von Headley Bros, London 1965, S. 44 ff.). Jennings hat die englische Fassung von G. R. C. *Davies* mit eigenen Korrekturen übernommen.
  Der lateinische Originaltext mit Angaben über die Herkunft des Textes ist in *W. S. McKechnie* (Magna Carta, 2. Aufl. 1914, S. 185 ff.) zu finden.

Artikel 1

Zunächst in Ergebung gegen Gott haben wir diese vorliegende Carta bestätigt für Uns und Unsere Nachfolger auf ewig, daß die englische Kirche frei sein und ihre Rechte unvermindert und ihre Freiheiten unangetastet haben soll; und so wollen Wir, daß dies gehalten wird; es wird dadurch offenbar, daß Wir die Freiheit der (Kirchen-)Wahlen, die als das Wichtigste und besonders Nötige der englischen Kirche angesehen wird, aus eigenem freien Willen, vor Ausbruch des Zwistes zwischen Uns und Unseren Baronen, zugestanden und durch Unsere Carta bestätigt haben, und deren Bestätigung vom Papst Innozenz III. erlangt haben: diese wollen wir von uns und von unseren Nachfolgern auf ewig in bona fides eingehalten wissen. Ferner haben Wir allen freien Menschen Unseres Königreiches, für Uns und Unsere Nachfolger auf ewig, alle nachstehenden Freiheiten gewährt, die sie und ihre Nachkommen, von Uns und Unseren Nachfolgern, haben und behalten sollen.

Artikel 2

Wenn einer Unserer Grafen oder Barone oder einer der anderen, die direkt von Uns gegen Militärdienst Lehen haben, stirbt, und sein Erbe zur Zeit seines Todes volljährig und zu einer Abgabe (Relevium) verpflichtet ist, so soll er sein Erbe zur alten Abgabe erhalten; d. h. der Erbe oder die Erben eines Grafen für hundert Pfund pro ganze Baronie des Grafen; der Erbe oder die Erben eines Barons für hundert Pfund pro ganze Baronie; der Erbe oder die Erben eines Ritters für höchstens hundert Schillinge pro ganzes Lehen des Ritters; und wer zu weniger verpflichtet ist, soll gemäß dem alten Lehensbrauch weniger zahlen.

Artikel 3

Wenn aber der Erbe irgend eines solchen (oben genannten) minderjährig und unter Vormundschaft war, so soll er, wenn er volljährig wird, sein Erbe antreten ohne Abgabe und ohne Gebühr.

Artikel 4

Der das Land eines solchen minderjährigen Erben verwaltende Vormund darf vom Lande des Erben nur einen angemessenen Teil des Ertrages und einen angemessenen Teil der bräuchlichen Leistungen und

Dienste nehmen, und das ohne Vernichtung und Vergeudung von Menschen oder Sachen. Und wenn Wir die Vormundschaftsverwaltung irgendeines solchen Landes einem Vizegrafen oder irgendeinem anderen übertragen haben, der Uns für den Ertrag jenes (Landes) Rechenschaft schuldet und jener in der Vormundschaftsverwaltung Zerstörung oder Vergeudung verübt, dann werden Wir von ihm Schadensersatz nehmen, und das Land soll zwei rechtschaffenen und besonnenen Männern desselben Lehens übergeben werden, die Uns für die Erträge verantwortlich sein sollen oder demjenigen, dem Wir sie zugewiesen haben; und wenn Wir jemandem die Vormundschaft irgend eines solchen Landes gegeben oder verkauft haben, und jener hat darin Zerstörung oder Vergeudung angerichtet, so soll er diese Vormundschaft verlieren, und sie soll zwei rechtschaffenen und besonnenen Männern aus demselben Lehen übergeben werden, die Uns in entsprechender Weise verantwortlich sein sollen, wie es oben gesagt ist.

Artikel 5

Der Vormund aber soll, solange er die vormundschaftliche Verwaltung des Landes innehat, die Gebäude, Gehölze, Fischteiche, Seen, Mühlen und das übrige zu jenem Land Gehörende aus den Erträgnissen desselben Landes instandhalten; und er soll dem Erben, sobald er volljährig geworden ist, sein ganzes Land wiedergeben, versehen mit Pflügen und allem zur Feldbestellung Erforderlichen, gemäß dem, was die Jahreszeit an Nötigem zur Feldbestellung erfordert und was mit den Erträgnissen des Landes angemessenerweise erbracht werden kann.

Artikel 6

Erben können verheiratet werden aber nicht mit einem Niederrangigen, jedoch so, daß, bevor die Ehe geschlossen wird, die Blutsverwandten desselben Erben davon in Kenntnis gesetzt werden.

Artikel 7

Eine Witwe soll nach dem Tode ihres Ehegatten unverzüglich und ohne Erschwernis ihre Morgengabe und ihr Erbteil erhalten und soll nichts geben für ihre Mitgift, ihre Morgengabe oder ihr Erbteil, die ihr Ehemann und sie selbst am Todestage desselbigen besitzen, und sie kann im Hause ihres Ehemannes vierzig Tage lang nach desselben Tode bleiben; in dieser Frist soll ihr ihr Witwengut zugewiesen werden.

Artikel 8

Keine Witwe soll zur Heirat gezwungen werden, solange sie ohne Ehemann leben will; jedoch so, daß sie Bürgschaft leisten soll, nicht ohne Unsere Zustimmung zu heiraten, sofern sie von Uns Lehen hat, oder ohne Zustimmunng des Lehensherren, von dem sie Lehen hat, wenn sie von einem anderen Lehen erhalten hat.

Artikel 9

Weder Wir noch Unsere Beamten werden weder Land noch Einkünfte für irgendeine Schuld beschlagnahmen, solange die nicht-feudale Habe des Schuldners zur Rückzahlung der Schuld ausreicht; noch sollen die Bürgen des Schuldners in Anspruch genommen werden, solange der Hauptschuldner zur Einlösung der Schuld imstande ist; doch wenn der Hauptschuldner mit der Einlösung der Schuld ausfällt, weil er nichts hat, womit er sie einlösen kann, dann sollen die Bürgen für die Schuld haften; und falls sie es wollen, können sie die Ländereien und Einkünfte des Schuldners haben, bis ihnen Befriedigung zuteil wird für die Schuld, die sie zuvor für ihn bezahlt haben, es sei denn, der Hauptschuldner beweist, daß er diesen Bürgen gegenüber befreit ist.

Artikel 10

Wenn jemand etwas von den Juden geliehen hat, mehr oder weniger, und er stirbt, ehe dies bezahlt wird, so soll die Schuld nicht verzinst werden, solange der Erbe minderjährig ist, wessen Lehensmann er auch immer sei; und wenn jene Schuld in Unsere Hände kommt, so werden Wir nur den in dem Schuldschein angeführten Betrag einziehen.

Artikel 11

Und wenn einer stirbt und den Juden etwas schuldet, so soll seine Ehefrau ihre Mitgift behalten und nichts von jener Schuld zurückzahlen; und wenn minderjährige Kinder desselben Verstorbenen hinterbleiben, so sollen sie gemäß dem Stand des Verstorbenen mit dem Erforderlichen versorgt werden, und von dem Rest soll die Schuld eingelöst werden, vorbehaltlich der den Lehensherren geschuldeten Dienste; in entsprechender Weise soll es mit den Schulden gemacht werden, die anderen als Juden geschuldet werden.

Artikel 12

Kein Wehrgeld oder Hilfsgeld soll in Unserem Königreich erhoben werden außer durch allgemeine Zustimmung Unseres „commune consilium", außer zur Auslösung Unserer Person, zum Ritterschlag Unseres ältesten Sohnes und zur ersten Eheschließung Unserer ältesten Tochter; und bei diesen Anlässen soll nur ein angemessenes Hilfsgeld erhoben werden; in entsprechender Weise soll es mit den Hilfsgeldern der Stadt London gemacht werden.

Artikel 13

Und die Stadt London soll alle ihre alten Freiheiten und freien Bräuche haben, sowohl zu Lande als auch auf dem Wasser. Außerdem wollen Wir und gestehen zu, daß alle anderen Städte, festen Orte, Dörfer und Häfen alle ihre Freiheiten und freien Bräuche behalten sollen.

Artikel 14

Und um die allgemeine Zustimmung des „commune consilii" über die Erhebung eines Hilfs- oder Wehrgeldes in anderen als den drei oben genannten Fällen einzuholen, werden Wir die Erzbischöfe, Bischöfe, Äbte, Grafen und größeren Barone durch gesiegelte Briefe von Uns laden lassen; und außerdem werden Wir durch Unsere Vizegrafen und Beamten alle jene, welche direkt von Uns Lehen haben, allgemein laden lassen auf einen bestimmten Tag, nämlich nach Ablauf von mindestens vierzig Tagen und an einem bestimmten Ort; und in allen jenen Ladungsbriefen werden wir den Grund der Ladung zum Ausdruck bringen; und nach so geschehener Ladung soll die Verhandlung am festgesetzten Tage vonstatten gehen gemäß dem Rat jener, die zugegen sind, auch wenn nicht alle Geladenen gekommen sind.

Artikel 15

Wir werden fortan niemandem gestatten, daß er von seinen freien Männern Hilfsgeld nimmt, außer zur Auslösung seiner Person, zum Ritterschlag seines ältesten Sohnes und zur ersten Eheschließung seiner ältesten Tochter; und bei diesen Anlässen soll nur ein angemessenes Hilfsgeld erhoben werden.

Artikel 16

Niemand soll gezwungen werden, mehr Dienst für ein Ritterlehen oder ein anderes Freilehen zu leisten, als dafür geschuldet wird.

Artikel 17

Die gemeinen Zivilprozesse sollen Unserem Gericht nicht folgen, sondern an einem bestimmten Orte stattfinden.

Artikel 18

Gerichtliche Feststellungen über kürzlich erfolgte „Besitzenthebung", über den Besitz des „verstorbenen Vorfahren", und über die letzte „Anmeldung" (eines Geistlichen zur Bestallung mit einer Kirche) sollen nur in den betreffenden Grafschaften vorgenommen werden, und zwar folgendermaßen: Wir oder, wenn Wir außer Landes sind, Unser Oberjustitiar werden vier Mal jährlich zwei Justitiare durch jede Grafschaft schicken, welche zusammen mit vier von der Grafschaft ausgewählten Rittern aus der jeweiligen Grafschaft am Tag und Ort des Grafschaftsgerichtes die oben genannten Prozesse in der Grafschaft abhalten sollen.

Artikel 19

Und wenn am Gerichtstag in der Grafschaft die vorgenannten Prozesse nicht durchgeführt werden können, so sollen so viele Ritter und Freilandbesitzer, die am Gerichtstag zugegen waren, dableiben, daß durch sie zutreffende Urteile gefällt werden können, gemäß dem Umfang der Angelegenheiten.

Artikel 20

Kein freier Mensch soll für ein leichtes Delikt anders als dem Grad des Delikts gemäß mit einer Geldbuße bestraft werden; und für ein schweres Delikt soll er entsprechend der Schwere des Deliktes bestraft werden, unbeschadet des zu seinem Lebensunterhalt Erforderlichen; und der Kaufmann ebenso, unbeschadet seiner Ware; und der Hörige soll genau so bestraft werden, unbeschadet seines landwirtschaftlichen Inventars, wenn sie Unserer Beurteilung anheimfallen; und jede der oben genannten Geldbußen soll nur durch den Eid rechtschaffener Männer aus der Umgebung auferlegt werden.

Artikel 21

Grafen und Barone sollen nur durch Ihresgleichen und nur nach Art ihres Deliktes bestraft werden.

Artikel 22

Ein Kleriker soll an seinem weltlichen Lehen nur so bestraft werden, wie die anderen vorgenannten und nicht nach dem Umfang seiner geistlichen Privilegien.

Artikel 23

Weder ein Dorf noch ein Mensch sollen gezwungen werden, Brücken an Ufern zu bauen, außer denen, die von alters her und von Gesetzes wegen dazu verpflichtet sind.

Artikel 24

Kein Vizegraf, Konstabler, Kronbeauftragter oder andere Beamte von Uns sollen über Angelegenheiten Unseres Krongerichts entscheiden.

Artikel 25

Alle Grafschaften, Hundertschaften, Wapentaken (Hundertschaften der Nordprovinzen) und Dreihundertschaften sollen bei den alten Abgaben bleiben, ohne irgend einen Zuschlag, mit Ausnahme Unserer Domänen.

Artikel 26

Wenn jemand, der von Uns ein weltliches Lehen hat, stirbt, und Unser Vizegraf oder Beamter Unsere Zahlungsbriefe für eine Schuld vorweist, welche der Verstorbene Uns geschuldet hat, so soll es Unserem Vizegraf oder Beamten freistehen, die im weltlichen Lehen gefundene bewegliche Habe des Verstorbenen zu beschlagnahmen und zu inventarisieren, soweit sie sich im weltlichen Lehen findet, bis zum Werte jener Schuld, unter Aufsicht rechtschaffener Männer, jedoch so, daß nichts davon entfernt wird, bis die beweisende Schuld an Uns bezahlt wird; und der Rest soll den Testamentsvollstreckern überlassen werden zur Ausführung des letzten Willens; und, wenn Uns von demselben nichts geschuldet wird, so soll die ganze bewegliche Habe als Eigentum des Verstorbenen behandelt werden, vorbehaltlich angemessener Anteile für Ehefrau und Kinder.

Artikel 27

Wenn irgendein freier Mann ohne Testament gestorben ist, soll seine Habe von seinen nahen Verwandten und Freunden unter Aufsicht der Kirche verteilt werden, nachdem jedem das, was der Verstorbene ihm schuldete, bezahlt worden ist.

Artikel 28

Kein Konstabler oder anderer Unserer Beamten soll irgendjemandem Getreide oder andere bewegliche Habe wegnehmen ohne sofortige Bezahlung, es sei denn, er könne vom Verkäufer einen freiwilligen Zahlungsaufschub dafür erlangen.

Artikel 29

Kein Konstabler soll irgendeinen Ritter zwingen Geld zu zahlen anstelle von Burgwachtdienst, wofern er jenen Wachtdienst persönlich leisten will, oder durch einen anderen passenden Mann, falls er selbst aus vernünftigem Grunde dazu nicht imstande ist; und wenn Wir ihn in den Heeresdienst geführt oder geschickt haben, so soll er vom Wachtdienst befreit sein entsprechend der Zeit, die er durch Uns im Heeresdienst gewesen ist.

Artikel 30

Kein Vizegraf oder Beamter von Uns, noch irgend ein anderer soll Pferde oder Wagen irgendeines freien Mannes zu Transportzwecken wegnehmen, es sei denn mit dem Willen desselben freien Menschen.

Artikel 31

Weder Wir noch Unsere Beamten werden fremdes Holz für Burgen oder andere Unserer Zwecke wegnehmen, außer mit dem Willen desselben, dem jenes Holz gehört.

Artikel 32

Wir werden die Ländereien jener, die der Felonie überführt sind, nur ein Jahr und einen Tag behalten, und dann sollen die Ländereien den Lehensherren zurückgegeben werden.

Artikel 33

Alle Fischwehre in der Themse und im Medway, und in ganz England, mit Ausnahme der Meeresküste, sollen fortan ganz und gar beseitigt werden.

Artikel 34

Ein gerichtlicher Befehl, Praecipe genannt, soll fortan niemandem für irgendein Lehen zugestellt werden, wofern dadurch einem freien Menschen sein Gericht entzogen werden könnte.

Artikel 35

Ein Weinmaß soll in Unserem ganzen Königreich sein, und ein Maß für Bier, und ein Getreidemaß, nämlich das Londoner Viertel, und eine Breite gefärbter, roter und halbergekter Stoffe, nämlich zwei Ellen zwischen den Enden; mit den Gewichten aber sei es wie mit den Maßen.

Artikel 36

Nichts soll in Zukunft gegeben oder genommen werden, für ein Gerichtsbefehl zur Untersuchung (in Prozessen) über „Leben und Glieder", sondern es soll unentgeltlich gewährt und nicht verweigert werden.

Artikel 37

Wenn einer von Uns gegen Abgabe (per feodofirmam), gegen bäuerlichen oder Burgdienst (per sokagium, per burgagium) ein Lehen hat und zugleich von einem anderen Land gegen Kriegsdienst zu Lehen hat, so werden Wir weder über den Erben, noch über sein Land, das zum Lehen eines anderen gehört, die Vormundschaft beanspruchen unter Berufung auf jenes Feodifirm-, Sokagial- oder Burglehensverhältnis; auch die Vormundschaft über jene Feodifirm-, Sokagial- oder

Burglehen werden Wir nicht beanspruchen, es sei denn, das Feodifirmlehen schulde Kriegsdienst. Die Vormundschaft über einen Erben oder Land irgendjemandes, das er von einem anderen gegen Militärdienst zu Lehen hat, werden Wir nicht beanspruchen, wegen eines kleinen Eigentums, das er von Uns gegen Leistung von Messerns, Pfeilen oder derartigem hat.

Artikel 38

Kein Beamter soll fortan irgendjemanden vor Gericht bringen, einfach durch seine Aussage, ohne glaubwürdige ad hoc Zeugen hinzuzuziehen.

Artikel 39

Kein freier Mensch darf festgenommen, oder gefangen gehalten, noch depossediert, noch für gesetzlos erklärt, noch verbannt oder auf irgend eine Art ruiniert werden, noch werden Wir gegen ihn vorgehen oder (Leute) gegen ihn ausschicken, es sei denn auf Grund gesetzlichen Urteils von Seinesgleichen oder auf Grund des Gesetzes des Landes.

Artikel 40

Niemandem werden Wir das Recht oder die Gerechtigkeit verkaufen, verweigern oder verzögern.

Artikel 41

Alle Kaufleute dürfen heil und sicher aus England ausreisen und nach England kommen und in England sich aufhalten und reisen, sowohl zu Lande als auch zu Wasser um zu kaufen und zu verkaufen, ohne alle bösen Zölle, gemäß den alten und rechten Bräuchen, außer in Kriegszeit und wenn sie aus dem gegen Uns im Krieg befindlichen Lande sind; und wenn solche (Kaufleute) sich bei Kriegsbeginn in Unserem Lande befinden, sollen sie festgehalten werden ohne Leibes- und Vermögensschaden, bis Uns oder Unserem Oberjustitiar bekannt wird, in welcher Weise die Kaufleute Unseres Landes behandelt werden, die dann in dem mit Uns im Kriege befindlichen Lande angetroffen werden; und wenn die Unseren dort unversehrt sind, sollen die anderen in Unserem Land (auch) unversehrt sein.

Artikel 42

Es soll fortan jedem freistehen, Unser Königreich zu verlassen, und zurückzukehren, heil und sicher, zu Lande und zu Wasser, vorbehaltlich der Treupflicht gegen Uns, ausgenommen während kurzer Frist in Kriegszeiten, aus Gründen des allgemeinen Wohls des Königreiches. Ausgenommen sind die Gefängnisinsassen und die Gesetzlosen nach Landesrecht, und Leute eines gegen Uns im Krieg befindlichen Landes, sowie Kaufleute, mit denen verfahren werden soll wie oben gesagt.

Artikel 43

Wenn jemand irgendein an seinen Herrn zurückgefallenes Lehen (escata) hat, so wie die von Wallingford, Nottingham, Boulogne, Lancaster oder andere heimgefallene Lehen (escata), die in Unserer Hand sind und Baronien sind, und er stirbt, so soll sein Erbe keine andere Abgabe zahlen, noch Uns anderen Dienst leisten, als er dem Baron leisten würde, wenn jene Baronie in der Hand des Barons wäre; und Wir werden es (das Lehen) in derselben Weise behandeln, in der es der Baron behandelte.

Artikel 44

Die Leute, die außerhalb des Forstes leben, sollen fortan nicht auf allgemeine Vorladungen vor Unsere Forstjustitiare kommen, es sei denn, sie seien Prozeßpartei oder Bürgen eines oder mehrerer, die wegen Forstfrevels beklagt werden.

Artikel 45

Wir werden zu Richtern, Konstablern, Vizegrafen oder Beamten nur solche Leute berufen, die das Gesetz des Landes kennen und es gut einzuhalten gewillt sind.

Artikel 46

Alle Barone, die Abteien gegründet haben und darüber Charten der Könige Englands oder von altersher Lehensbesitz haben, sollen die Vormundschaftsverwaltung über dieselben bei Sedisvakanz haben, wie es ihnen zusteht.

Artikel 47

Alle Forste, die in Unserer Zeit eingeforstet worden sind, sollen unverzüglich entforstet werden; und ebenso soll mit den Flußufern verfahren werden, die durch Uns während Unserer Zeit eingezäunt worden sind.

Artikel 48

Alle schlechten Gebräuche betreffend Forste und Wildgehege, Förster und Heger, Vizegrafen und ihren Bediensteten, Flußufer und ihre Hüter sollen in jeder Grafschaft durch zwölf vereidigte Ritter derselben Grafschaft untersucht werden, welche durch rechtschaffene Leute derselben Grafschaft ausgewählt werden sollen, und diese (Mißbräuche) sollen binnen vierzig Tagen nach stattgefundener Untersuchung gründlich und unwiderruflich von diesen beseitigt werden, jedoch so, daß Wir, oder, falls Wir nicht in England sind, Unser Justitiar vorher davon Kenntnis erhalten.

Artikel 49

Alle Geiseln und Charten, die Uns von Engländern als Sicherheit für den Frieden und treuen Dienst ausgeliefert worden sind, werden Wir unverzüglich zurückgeben.

Artikel 50

Wir werden die Verwandten Gerards von Athyes gänzlich ihrer Beamtenposten entheben, daß sie fortan kein Amt in England haben; Engelhard von Cicogné, Peter Gion und Andreas von Chanceaux, Gion von Cicogné, Geoffrey von Marhgny und seine Brüder, Philipp Mark und seine Brüder, seinen Neffen Geoffrey und der ganze Anhang derselben.

Artikel 51

Und sofort nach Wiederherstellung des Friedens werden Wir alle ausländischen Soldaten, Bogenschützen, Dienstleute und Söldner aus dem Königreiche entfernen, die mit Pferden und Waffen zum Schaden des Königreiches gekommen sind.

Artikel 52

Wenn jemandem durch Uns ohne gesetzmäßiges Urteil Seinesgleichen seine Ländereien, Burgen, Freiheiten oder seine Rechte entzogen worden sind oder er daraus vertrieben worden ist, so werden Wir ihm diese unverzüglich wiederherstellen; und wenn eine Meinungsverschiedenheit darüber entsteht, dann soll darüber durch Urteil der fünfundzwanzig Barone entschieden werden, von denen weiter unten bei der Sicherung des Friedens Erwähnung getan ist; in Allem, was irgendjemandem durch Unseren Vater, König Heinrich oder durch Unseren Bruder, König Richard, ohne gesetzmäßiges Urteil Seinesgleichen entzogen wurde, oder woraus er vertrieben worden ist, sofern Wir diese in unserer Hand haben, oder andere sie innehaben, denen Wir sie gewährleisten müssen, sollen Wir Aufschub haben für die allgemeine Frist der Kreuzfahrer; ausgenommen sind jene Fälle, in denen Klage vor dem Zeitpunkt Unserer Kreuznahme erhoben worden ist oder auf Unseren Befehl eine Untersuchung stattgefunden hat; sobald Wir aber von Unserer Pilgerfahrt zurück sind, oder wenn Wir vielleicht von Unserer Fahrt abstehen, werden Wir sofort volle Gerechtigkeit darin walten lassen.

Artikel 53

Denselben Aufschub aber werden Wir haben und in derselben Weise in der Gewährung der Gerechtigkeit über die zu entforstenden oder beizubehaltenden Forste, welche Unser Vater Heinrich oder Unser Bruder Richard eingeforstet haben, und in bezug auf die Vormundschaftsverwaltung über Ländereien, welche einem anderen Lehensherrn unterstehen und über welche Wir bisher die Vormundschaftsverwaltung auf Grund eines Lehens ausgeübt haben, das irgendjemand von Uns gegen Kriegsdienst zu Lehen hatte, und in bezug auf Abteien, die in eines anderen Lehen als dem Unseren gegründet worden sind, auf welche der Herr des Lehens Anspruch zu haben behauptet; und sobald wir zurückgekehrt sind, oder wenn wir von Unserer Pilgerfahrt abstehen, werden Wir allen, die sich über diese Dinge beschweren, unverzüglich volle Gerechtigkeit gewähren.

Artikel 54

Niemand soll festgenommen oder gefangen gehalten werden auf Grund der Anzeige einer Frau wegen des Todes eines anderen als ihres Ehemannes.

Artikel 55

Alle Gebühren (Fines), die zu Unrecht und gegen das Gesetz des Landes von Uns erhoben worden sind und alle Bußen, die zu Unrecht und gegen das Gesetz des Landes auferlegt wurden, sollen völlig erlassen werden, oder es soll nach dem Urteil der fünfundzwanzig Barone verfahren werden, von denen weiter unten bei der Sicherung des Friedens Erwähnung getan ist, oder nach dem Urteil der Mehrheit derselben zusammen mit dem oben genannten Stephan, Erzbischof von Canterbury, wenn er zugegen sein kann, und anderen, welche er dafür hinzuzuziehen wünscht; und wenn er nicht zugegen sein kann, so soll nichtsdestoweniger die Verhandlung ohne ihn von statten gehen, jedoch so, daß, wenn einer oder mehrere der oben erwähnten fünfundzwanzig Barone in ähnlichem Streit Partei sind, sie sich von diesem Urteil enthalten sollen und andere durch die übrigen derselben fünfundzwanzig Barone zu diesem Prozeß Gewählte und Vereidigte an deren Stelle treten sollen.

Artikel 56

Wenn Wir Walisern Ländereien, Freiheiten oder andere Dinge ohne gesetzmäßiges Urteil Ihresgleichen in England oder Wales weggenommen oder sie daraus vertrieben haben, so sollen sie ihnen sofort wiedergegeben werden. Und wenn eine Meinungsverschiedenheit darüber entsteht, dann soll in den Grenzprovinzen nach dem Spruch Ihresgleichen entschieden werden, über Lehen Englands, gemäß dem Gesetz Englands, über Lehen von Wales gemäß dem Gesetz von Wales, über Lehen der Marken (Grenzprovinzen) gemäß dem Gesetz der Marken. Ebenso werden die Waliser mit Uns und den Unseren verfahren.

Artikel 57

In bezug auf alles das aber, was irgend einem Waliser genommen oder wovon er vertrieben wurde ohne gesetzmäßiges Urteil Seinesgleichen durch Unseren Vater, König Heinrich oder durch Unseren Bruder, König Richard, was Wir jetzt in Unserer Hand haben, oder was andere innehaben, denen Wir es gewährleisten müssen, werden Wir einen Aufschub erhalten während der üblichen Zeit für die Kreuzfahrer mit Ausnahme der Fälle, in welchen vor Unserer Kreuznahme ein Prozeß begonnen hat oder auf unseren Befehl eine Untersuchung stattgefunden hat. Wenn Wir aber zurückkehren oder wenn Wir vielleicht von Unserer Kreuzfahrt abstehen, so werden Wir ihnen darin sofort volle Gerechtigkeit gewähren, gemäß den Gesetzen von Wales und den vorgenannten Gebieten.

Artikel 58

Wir werden unverzüglich den Sohn Llewelyns und alle Geiseln von Wales und alle Charten zurückgeben, die Uns zur Sicherung des Friedens ausgehändigt worden sind.

Artikel 59

Wir werden mit Alexander, dem König der Schotten, hinsichtlich der Rückgabe seiner Schwestern, der Geiseln, seiner Freiheiten und seiner Rechte, in derselben Weise verfahren, in der Wir mit Unseren anderen Baronen Englands verfahren werden, es sei denn, es sollte anders gehandhabt werden gemäß den Charten, die Wir von seinem Vater Wilhelm, dem früheren König der Schotten, haben; und das wird durch Urteil Seinesgleichen von Unserem Gericht gemacht werden.

Artikel 60

Alle diese oben genannten Bräuche und Freiheiten, die Wir gewährt haben, damit sie in Unserem Königreich eingehalten werden, soweit es uns gegenüber den Unseren anbelangt, sollen von allen in Unserem Königreich, Klerikern wie Laien, beobachtet werden, soweit es sie gegenüber den Ihrigen betrifft.

Artikel 61

Da Wir für Gott und zur Verbesserung Unseres Königreiches und zur besseren Beilegung des zwischen Uns und Unseren Baronen ausgebrochenen Konfliktes all dies Obengenannte zugestanden haben mit dem Willen, daß sie dies in vollständiger und fester Sicherheit für immer genießen, geben und gewähren Wir ihnen folgende Sicherung; es sollen nämlich die Barone fünfundzwanzig Barone aus dem Königreiche wählen, welche sie wollen, und diese sollen mit all ihren Kräften den Frieden und die Freiheit, welche Wir ihnen zugestanden und durch diese Unsere vorliegende Charte bestätigt haben, beobachten, einhalten und die Einhaltung erzwingen, derart nämlich, daß, wenn Wir oder Unser Justitiar oder Unsere Amtsdiener oder irgendeiner Unserer Beamten in irgendetwas gegen irgendjemanden gefehlt haben oder gegen irgendeinen der Friedens- oder Sicherheitsartikel verstoßen haben, und das Delikt vier von den fünfundzwanzig vorgenannten Baronen angezeigt wird, jene vier Barone zu Uns oder, wenn Wir außer Landes sind, zu Unserem Justitiar kommen und uns die Übertretung vortragen und verlangen sollen, daß Wir jene Übertretung unverzüglich wiedergutmachen. Und wenn Wir die Übertretung nicht wiedergutmachen oder wenn Unser Justitiar, falls Wir außer Landes sind, sie nicht wiedergutmacht binnen einer Frist von vierzig Tagen, zu zählen von der Zeit an, zu welcher sie Uns oder, wenn Wir außer Landes sind, Unserem Justitiar gemeldet wurde, sollen die oben genannten vier Barone jenen Fall den Übrigen von den fünfundzwanzig Baronen mitteilen, und jene fünfundzwanzig Barone zusammen mit der Gemeinschaft (des Volkes) des ganzen Landes Uns zwingen und zusetzen auf alle Weisen, wie sie können, und zwar durch Besetzung Unserer Burgen, Ländereien, Besitzungen, und durch andere ihnen mögliche Art, bis die Wiedergutmachung gemäß ihrem Urteil erfolgt, wobei Unsere Person sowie die Unserer Kinder unantastbar bleibt; und sobald die Wiedergutmachung stattgefunden hat, werden sie Uns gegenüber sich wieder so verhalten wie früher. Und wer immer im Lande will, mag schwören, daß er zur Durchführung von allem oben Gesagten, den Befehlen der besagten fünfundzwanzig Barone gehorchen und Uns zusammen mit denselben nach Kräften zusetzen wird; und Wir geben öffentlich und frei jedem, der schwören will, die Erlaubnis zum Schwören und werden niemals jemandem zu schwören verbieten. Allen jenen im Land aber, die nicht von selbst und nach eigenem Belieben den fünfundzwanzig Baronen den Eid leisten wollen, gemeinsam mit ihnen Uns zu zwingen und zuzusetzen, werden Wir selbst befehlen, den besagten Eid zu leisten. Und wenn einer der fünfundzwanzig Barone stirbt, oder das Land verläßt, oder auf irgendeine andere Weise verhindert ist, dann sollen die, welche von den besagten fünfundzwanzig Baronen übrig sind, damit sie das oben Gesagte nichtsdestoweniger ausführen können, einen anderen nach ihrem Ermessen anstelle desselben wählen, der in ähnlicher Weise vereidigt wird wie die übrigen. In allem aber, dessen Durchführung diesen fünfundzwanzig Baronen übertragen ist, soll, wenn zufällig dieselben fünfundzwanzig zugegen sind und unter sich in irgend einer Sache uneinig sind, oder wenn einige von ihnen geladen sind, aber nicht kommen wollen oder können, für gültig und fest angesehen werden, was die Mehrheit der Anwesenden anordnet oder vorschreibt, so als ob alle fünfundzwanzig zugestimmt hätten; und besagte fünfundzwanzig sollen schwören, daß sie alles vorher Gesagte treulich beobachten werden und mit ganzem Vermögen seine Einhaltung bewirken werden. Und Wir werden nichts von irgendjemandem verlangen, weder persönlich noch durch irgend einen anderen, wodurch irgendeines dieser Zugeständnisse und Freiheiten widerrufen oder verringert wird; und wenn irgendetwas derartiges verlangt wird, soll es ungültig und nichtig sein, und niemals werden Wir persönlich oder durch einen anderen davon Gebrauch machen.

Artikel 62

Und alle Böswilligkeiten, Indignationen, Rankünen, die zwischen Uns und Unseren Männern, Klerikern und Laien, seit der Zeit des Konfliktes entstanden sind, haben Wir allen völlig vergeben und verziehen. Außerdem haben Wir alle Ausschreitungen, die anläßlich desselben Konfliktes seit Ostern Unseres sechzehnten Regierungsjahres bis zur Wiederherstellung des Friedens geschehen sind allen, Geistlichen und Laien, völlig verziehen und, soweit es Uns betrifft, völlig vergeben. Und darüber haben Wir ihnen Bestätigungsbriefe ausfertigen lassen von Herrn Erzbischof Stephen von Canterbury, von Herrn Erzbischof Henry von Dublin und von den oben genannten Bischöfen, und von Magister Pandulf, über jene Sicherheit(-sklausel) und die vorher erwähnten Konzessionen.

Artikel 63

Daher wollen Wir und ordnen nachdrücklich an, daß die Englische Kirche frei sein soll und daß die Männer in Unserem Königreich alle oben erwähnten Freiheiten, Rechte, und Konzessionen haben und behalten sollen, gut und in Frieden, frei und ruhig, vollständig und unangetastet für sich und ihre Erben von Uns und Unseren Erben in allen Hinsichten und an allen Orten, für immer, wie es oben gesagt ist. Beschworen aber ist sowohl von Unserer Seite als auch von Seiten der Barone, daß all dies Obengesagte bona fide und ohne bösen Hintergedanken eingehalten werden wird. Mit den oben erwähnten Zeugen und vielen anderen. Gegeben durch Unsere Hand auf einer Wiese, die Runnymede heißt, zwischen Windsor und Staines, am fünfzehnten Juni, in Unserem 17. Regierungsjahr.

Literaturverzeichnis

(Auswahl)

Adams, G.: The Origin of the English Constitution, Oxf. Univ. Press, 1912.

Anson, W.: The Law and the Custom of the Constitution, 1886, Oxf. Clar. Press Bd. I, 5. Aufl. 1922; Bd. II, 4. Aufl. 1935.

Bémont, Ch.: Chartes des Libertés Anglaises, Paris 1892.

Blackstone, W.: The Great Charter and the Charter of the Forest, Oxford 1759.

— Commentaries on the Laws of England, Bd. 1 - 2, Ausg. Philadelphia, Lippincott 1859.

Blair, P. H.: An Introduction to Anglo-Saxon England, Cambr. 1956.

Boutmy, E. M.: Études de droit Constitutionnel, 1885.

Bryce, J.: The American Commonwealth, Bd. I - II, 2. Aufl. 1889.

Cheney, Chr. / W. *Semple* (Hrsg.): Selected Letters of Pope Innocent III, London 1953.

Chrimes, S. B.: English Constitutional History, Oxf. Univ. Press, 4. Aufl. 1967.

Churchill, W.: A History of the English-Speaking Peoples, New York 1956.

Coke, E.: Institutes of the Laws of England, 2d Part, 1641, London 1797.

Corwin, E.: The „Higher Law" Background of American Constitutional Law, 1955.

Dicey, A. V.: Introduction to the Study of the Law of the Constitution, 1885, MacMillan, 10. Aufl. 1965, Einf. Wade.

Dunham, W.: Magna Carta and British Constitutionalism, in: The Great Charter. Four Essays... publ. Pantheon 1965.

Franqueville, Ch.: Les Institutions de l'Angleterre, 2. Aufl. 1864.

Hazeltine, H. D.: The influence of Magna Carta on American Constitutional Law, in: Commemoration Essays, 1917, auch in: Columbia Law Review I, 1917.

Hodgkin, R. H.: A History of the Anglo-Saxons, Oxf. Univ. Press, Bd. I - II, 3. Aufl. 1952.

Holdsworth, W.: A History of English Law, 1903, London, Bd. I, 5. Aufl. 1931; Bd. II, 5. Aufl. 1923.

Holt, J.: Magna Carta, Cambridge 1965.

Jennings, Ivor: Magna Carta and its influence in the world today (A book to mark the 750th anniversary of the sealing of Magna Carta and the 700th of the Parliament of Simon de Montfort), 1965.

— The Law and the Constitution, 5. Aufl. 1959.

Jerrold, D.: An Introduction to the History of England (From the Earliest Times to 1204), London 1949.

Jolliffe, J.: The Constitutional History of Medieval England (From the English Settlement to 1485), London, 3. Aufl. 1954.

Kazanzakis, N.: Reisen, England, 5. Aufl. 1964 (griech.).

Keeton, G.: The Norman Conquest and the Common Law, London 1966.

Kolias, G.: Geschichte Englands (Universitätsvorlesungen), Heft A - B (griech.).

Kurland, Ph.: Magna Carta and the Constitutionalism in the United States: „The Noble Lie", in: The Great Charter (Four Essays... publ. Pantheon), 1965.

Kyriazis-Gouvelis, D.: Grundrechte (Fundamentum theoreticum), 1970 (griech.).

— Das Recht auf menschenwürdiges Dasein (Diss. 1952, Heidelberg).

— Das Verfasungsjahrhundert, England 1603 - 1701, in: Festschrift für Fra-
— Gistas (1. Bd., 1966; griech.).

— Verfassungsrecht, 1974[5] - 1981 (griech.).

Lauterpacht, H.: International Law and Human Rights, 1950.

Liebermann: The National Assembly in the Anglo-Saxon period, M. Niemeyer, Halle a. S. 1913.

— Die Gesetze der Angelsachsen, Bd. I, Text und Übers., Halle 1903; Bd. II 1 Wörterbuch, 1906; Bd. II 2 Rechts- u. Sachglosar, 1912; Bd. III Einl. zu Jedem Stück; Erkl. zu einzelnen Stellen, 1916), Hrsg. Savigny-Stiftung.

Lyon, Br.: A Constitutional and Legal History of medieval England (Harper, New York 1960).

Lyon, H. R.: Anglo-Saxon England and the Norman Conguest, Longmans 1962.

Maitland, F.: The Constitutional History of England 1908, Cambridge Univ. Press, reprint. 1955.

— Selected historical Essays, Introd. by Cam, Cambridge 1957.

Mckechnie, W.: Magna Carta, A Commentary on the Great Charter of King John, 1905, 2. Aufl., Glasgow 1914.

McIlwain, C.: Magna Carta, in: Commemoration Essays, hrsg. v. Malden, Royal Historical Society, 1917.

— Constitutionalism and the Changing World, 1939.

Petit-Dutaillis, Ch.: Studies and Notes, Supplementary to Stubb's Constitutional History of England, Übers. Manchester 1908.

— The Feudal Monarchy in France and England, From Tenth to the Thirteenth Century, 1936, Übers., Vorwort v. Berr, Harper 1964.

Phillips, H.: The Constitutional Law, 2. Aufl. 1957.

Pollock, F. / F. Maitland: History of English Law (Before the time of Edward I), Bd. I - II, 2. Aufl., Cambridge 1898.

Poole, A.: From Domesday Book to Magna Carta, 1951.

Radin, M.: The Myth of Magna Carta, in: Harvard Law Review, LX (1947).

— Handbook of Anglo-American Legal History, St. Paul, Minn. 1936.

Richardson, H.: The English Jewry under Angewin Kings, London 1960.

Sabine, G. H.: A History of Political Theory, 1937, 3. Aufl. 1961.

Saripolos, N. N.: System des Verfassungsrechts und des Allgemeinen Öffentlichen Rechts, Bd. I, 1903 (griech.).

Sgouritsas, Chr.: Die Große Carta der Freiheiten, Einführung — Übersetzung — Kommentierung, 1947 (griech.).

Stenton, F. M.: Anglo-Saxon England, Oxf. Clar. Press, 2. Aufl. 1947, repr. 1955.

Stubbs, W.: The Constitutional History of England in its origin and development, 1880, Bd. 1, 6. Aufl. 1896; Bd. 2, 4. Aufl. 1894; Bd. 3, 5. Aufl. 1896.

Stubbs, W. / H. Davis: Selected Documents of English Constitutional History, MacMillan, 1947.

Taswell-Langmead, T. P.: English Constitutional History, 8. Aufl. 1919.

Thompson, F.: Magna Carta, Its Role in the Making of the English Constitution, 1300 - 1629, Minneapolis 1948.

Thompson, R.: An Historical Essay on the Magna Carta of King John, 1829.

Thorne, S.: What Magna Carta was, in: The Great Charter, Four Essays... publ. Pantheon, 1965.

Touchard, J.: Histoire des Idées Politiques, Bd. I, 1963; Bd. II, 1965.

Trevelyan, G. M.: History of England, Bd. I, 3. Aufl., Garden City, N. Y. 1953.

Wade, E. C. S. / G. G. Phillips: Constitutional Law, 5. Aufl. 1958.

Der Verfasser:

Demetrios L. Kyriazis-Gouvelis wurde 1923 im Dorf Proussos in der Provinz Evritania in Griechenland geboren. Studium der Politik- und Wirtschaftswissenschaften und der Rechtswissenschaft in Athen. 1952 Promotion an der Juristischen Fakultät der Universität Heidelberg. Seit 1979 ordentlicher Professor auf dem selbständigen Lehrstuhl für Verfassungsrecht an der Pantios Hochschule für Politische Wissenschaften in Athen.

Neben seiner Lehrtätigkeit nahm Prof. Dr. Kyriazis-Gouvelis in seinem Heimatland auch bedeutende politische Funktionen wahr u. a. als Mitarbeiter der „Allied Mission for observing Greek Elections" (1946) und als ordentliches Mitglied der griechischen Delegation bei der „Constitutional Commission of Cyprus" (1959).

Printed by Libri Plureos GmbH
in Hamburg, Germany